KB179861

맘껏

현생에서는 글도 쓰고 그림도 그리면서 나를 찾고 있어요.

지구에서 시간을 때우는 동안 도움이 되는 생명체이고 싶어요.

인 쇄	2023년 1월 20일 초판 1쇄 인쇄
발 행	2023년 2월 10일 초판 1쇄 발행
저 자	맘껏
발 행 처	와우라이프
발 행 인	임창섭
주 소	경기도 파주시 송화로 13(아동동)
전 화	010-3013-4997
팩 스	031-941-0876
표지 편집	맘껏
등록 번호	제 406-2009-000095호
등록 일자	2009년 12월 8일
이 메 일	limca1972@hanmail.net
I S B N	979-11-87847-13-7(03300)
정 가	25,000원

나의 소중한

밍밍

잼칠라

이장님

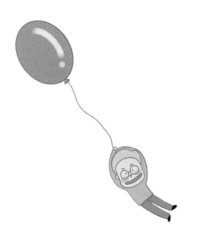

나의 소중한

멍멍 잼칠라 이장님

맘껏 지음

저를
왜
좋아하시나요?

귀여우니까!

개념!

아빠니까!

밍밍이를
느껴봐

골 골 골 골 골〰

풀고 가자(가짜뉴스)

쉬는 시간

같이 가자냥~

나… 왜 울어?

2022년 1월.

대통령 후보의 연설을 보았어.
독하게 잘 버틴다 싶던 사람이었는데.

·
·
·
·
·

울고 있었어.

·
·
·
·

(이야기를 들어주세요.
이재명유튜브)

4

하바바 하바바*

대선기간 동안 좀 더 지켜봤지.
근데 참 좋더라.
저러다 쓰러지는 거 아닌가 싶을 정도로
열심히 하더라고.

그래서 더 기대했었나 봐.
이재명이 말하는 세상.
'억강부약, 대동세상'
나의 꿈이기도 해.

꿈이 아니라 현실이 될 수 있다고,
충분히 가능할 거라 생각했었어.

*하바바하바바:하늘에 바라고 바랍니다.라는 뜻.

하지만
·
·
·
아직은 아니었나 봐.

대선 이후 많은 이들이 그러했듯
나도 참 힘들더라.

대한민국에서 제일 비싸다는 땅
제일 비싸다는 빌딩 맨 꼭대기에 올라가서
토하고 싶어졌어.

우웩!!

삐까 뻔쩍한 빌딩 위에 올라가서
거하게 토하고 나면 좀 괜찮아 질까?

헤매이다 만난 재명이네 마을

잃어버린 사람들이 떠올라서
마냥 널브러져 있을 수는 없더라고.
질 수는 있지만 더 이상 잃고 싶지 않은 마음 있잖아.
나 같은 사람들이 꽤 있었는지
하나 둘, 작은 마을에 모여들기 시작했어.
그 마을이 '재명이네 마을'이야.

재명이네 마을에서 놀란 점은
신인류가 바글댔다는 거야.

처음 보는 젊은이들이었어.
이들이 정치, 역사 공부를 시작하더라고.

바늘구멍으로 보이는 세상이 전부인
편협한 어른들과는 전혀 다른
열린 마음의 젊은이들.

참 이쁘더라.

그들이 정치, 역사책을 읽고
선배들에게 정치사에 대해
배워가는 모습을 보며
나도 뭔가를 하긴 해야겠다고 생각했지.

그래서 시작하게 된 것이
이재명의 성남시장부터 경기도지사까지의
업적을 정리하는 거였어.

그에 대한 왜곡된 이미지를
바로 잡아주고 싶었거든.

이재명은 별명이 많아.
밍밍이, 잼칠라, 이장님, 재밍이(재명+밍밍이),
재덩이(재명+복덩이), 아빠, 잼파파.....
나는 밍밍이로 부르는 걸 좋아해.

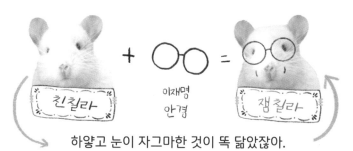

잼칠라의 유래

친칠라 + ○─○ (이재명 안경) = 잼칠라

하얗고 눈이 자그마한 것이 똑 닮았잖아.

출처 : 재명이네 마을

이장님의 유래

💌 From 이재명 >

<담소> 이장 한다잔아.

이장 이재명입니다 이장님 ☑️ 1:1 채팅
2022.04.02. 20:45 조회 16만

사실 고민이 많았는데 투표까지 해 결정했으니 거부할 수가 없잖아.
마을주민 여러분의 봄날같은 따스한 사랑에 너무 감사하잖아.
우리 모두 함께 손 꼭 잡고, 동막골 같은 행복한 마을 한번 만들어보자잔아.
내가 먼저 존중하고, 지향이 같다면 작은 다름은 사랑으로 감싸주면 더 좋잔아.
개딸,냥아,개삼촌,개이모,개언니,개형 그리고 개혁동지와 당원동지
시민 여러분 모두 모두 깊이 사랑합니다 🖤🖤🖤

잼파파로부터

! 재명이네 마을에서는 '잖아'라는 어미를 '잔아'로 사용합니다.
이에 호응하기 위해 이장님이 '잔아'로 답글을 쓴 것입니다. 오타가 아님을 알려드립니다.

재명이네 마을 가족들은 '마을 이장님'이 필요했어.
민주적인 투표로 이장님을 선출했지.
이 책에서는 밍밍이와 이장님으로 부를 거야.

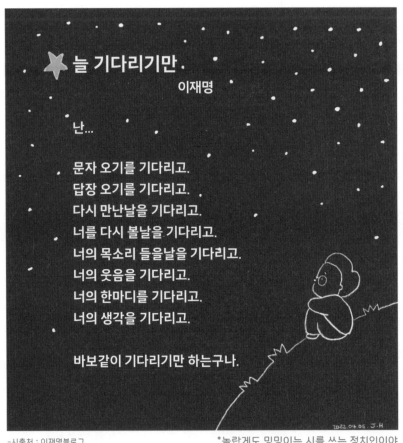

★ 늘 기다리기만
이재명

난...

문자 오기를 기다리고.
답장 오기를 기다리고.
다시 만난날을 기다리고.
너를 다시 볼날을 기다리고.
너의 목소리 들을날을 기다리고.
너의 웃음을 기다리고.
너의 한마디를 기다리고.
너의 생각을 기다리고.

바보같이 기다리기만 하는구나.

2022.04.06. J.H

-시출처 : 이재명블로그

*놀랍게도 밍밍이는 시를 쓰는 정치인이야.
오그라드는 시를 참 많이도 썼어.

마을에서 만난 현인들

개딸과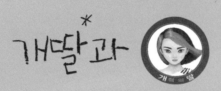

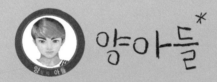 양아들

봄바람 같은 젊은이들.
개딸과 양아들이잖아.

*개딸 : '개혁의 딸'
*양아들 : '양심의 아들'

민주주의의 기본 원리인 삼권분립.
삼권분립은 공고히 지켜져야 되잖아.

검찰이 대통령이 됐으니
검찰의 힘을 빼야 한다는 의견이 많았어.

검찰정상화 논의가 빠르게 진행되고
집회가 시작되었을 무렵에
대통령 관련 무속논란이 커지기 시작했어.
그러자 개딸들은 집회 드레스코드를
귀신소복으로 한다고 하더라.

내가 아는 집회는
촛불, 방석, 간단한 간식
최대한 편한 옷을 입고
비장하게 나오는 거였거든.

근데 얘네들은
소풍 가는 아이들처럼 너무 신나서 준비하는 거야.
그때 느꼈어.
와! 세상이 바뀌겠구나.

처음엔
'뭐라는 거지?'
'장난꾸러기들이네'
'얘네 천잰가?'
되게 신기하더라고.

훗!
우울한 집회를 축제로 만드는 것 좀 봐.
그래... 맞아.
난 홀딱 반해 버린 거야.
우리의 젊은이들에게 말이야.

어쩔

어떻게 나가지?

짬

가

짝

우리가 도와줄게~

소복 집회가 지나자
에어슈트가 등장하기 시작했어.
집회를 놀이동산 퍼레이드로
만든 건 바로 개딸들이잖아.
이들의 정성과 밍밍이에 대한 애정은
그저 감동이야.

우리는 다 알지.
노무현 대통령의 마지막을.
조국교수님 가족이 겪고 있는 시련을.

검찰정상화에 대한 요구는 당연한 것이었다고 생각해.
입법, 사법, 행정의 삼권분립이 무너지는 사태는
막아야 했으니까.

하지만 언론은 비난일색이었고
'국민의 힘'당도 반대가 대단했지.
결정적으로 당시 국회의장(ㅂㅂㅅ)의 행동은
(이름을 완성해 보세요.)
민주당 지지자들 사이에서
두고두고 회자되어야 할 거잖아.

세월호를 보면서 난 거인이 되고 싶었어.
그래서 배를 번쩍 들어 올리고 싶었지.
이번에도 거인이 돼서
쩌렁쩌렁 울리는 큰 목소리로 외치고 싶었어.
"검찰정상화하라고~~~!"

집회엔 개성 넘치는 개딸들이 많이 등장했지.
하르방, 백곰, 가오나시..... 참 멋진 젊은이들이야.

-양해의 말씀 드립니다-
그림에 있는 개딸분들에게 이미지 사용에 대한 양해말씀을 드리기 위해 나름 수소문해
보았으나 연락이 닿지 않았습니다. 그래서 시중에 판매하고 있는 에어슈트나 가면을 쓴
개딸님은 그대로 표현하였고 개인제작한 마스크를 쓰신 개딸의 표현은
의미만 전달될 수 있도록 다시 바꿔 그렸습니다.
그 점 두루 양해 부탁드립니다. 더불어 개딸분들께 감사인사드립니다.

그 시각 민주당은…

여전히 다양한 의견으로 시끄러웠어.
어떤 의원은 지지자들을 훌리건이라고도
혹은 강성지지자라고 부르기도 했어.
게다가 검찰과의 싸움도 벅찬 와중에
민주당의 내분 때문에 뒷목 잡을 뻔 했잖아.
그래도 고쳐 쓰고 빨아 써야지.
껌딱지처럼 딱! 붙어서
지지해야지.

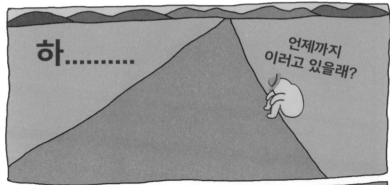

파,계... 뭣이 중한가요? 우린 모두 민주당계!

* : 이 파란아이의 이름은 ' 동지'입니다.
피까지 파란 민주당 지지자예요.
잼칠라지지자라서 얼굴이 닮았고,
노무현대통령의 밀짚모자를 씌웠습니다.

마블 영화 좋아해?

난 내가 타노스 손가락에 사라진 인류의 반 같아.
촛불 집회를 떠돌던 시간들이 소멸된 것 같달까.
힘이 쪼~옥 빠져.

앞으로 많이 나아갔다고 생각했는데
다시 돌아 원래 그 자리로 돌아간 기분.
허탈감일까.
많은 분들을 잃으면서 여기까지 온 건대.
상실감일까.

그래도 나아가야겠지?
나의 아이들을 위해 주저앉지 말아야겠지.
'동지'들아!
약간의 다름은 주머니에 넣어두고
앞으로 나아갔으면 좋겠잖아.
그 다름 또한 언젠가 종잣돈이 될 테니.

오지마... 사랑해버릴 것 같아

이재명

맘대로 넘어오지마.
넘어오면 다친다고 이새끼야.
경고할때 저 멀리 떨어져.
안그럼 진짜 사랑해버린다!

-시출처 : 이재명블로그

거봐. 오글거린다고 했잖아.

21

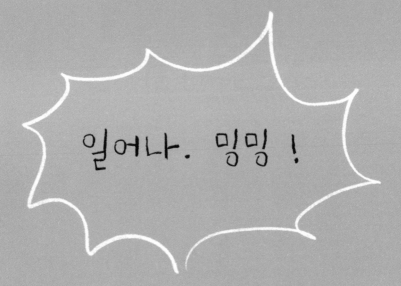

일어나. 밍밍 !

국회의원이 되거라~

대선 이후,
많은 사람들이 힘들었지만
제일 힘든 건
밍밍이였다고 생각해.

그렇지만 어쩔 수 없어.
지지자들의
'부름'을 가장한 '조름'을 받고
보궐선거에 나왔지.

고민이 많았을 거야.
또 어떤 공격을 받을지 뻔했으니까.

하지만 씩씩하게 계양으로 온 밍밍.
응원하잖아.

p.s 밍밍이 보궐선거 때 자원봉사단이었던 나.
그때 열심히 만들었던 포스터, 벽에 덕지덕지 붙여 봤음.

5월은 선거의 계절···

나는 이런 모습이 좋았어.

국민 절반의 지지를 받았던 대선후보가
동트는 새벽 출근길에 단출하게 나와
90도 인사하면서 선거운동을 하는데
권위의식이 안 느껴지더라고.

'이 사람..... 내면이 단단한 사람이구나.'
라는 느낌을 받았어.

새벽 출근길.
저 멀리 한 남자가 손을 흔들고 있었습니다.
전 국민이 다 아는 그 남자입니다.
......
내일은 저도 손 흔들어 주고 싶습니다.

드디어 계양 국회의원에 당선 된 밍밍!

계양 구석구석에서 당선 인사하는 밍밍.
정감 넘치는 장면이었어.

개인적으로 제일 좋아하는 영상이야.
(꾸물적DIY유투브)

기죽지 말고
잘 다녀와~

응응~
걱정 말라잖아.

국회에 입학하게 된 밍밍!
앞으로의 활약이 기대돼.

기대는 무슨···
정치하는 X들 다 똑같지

지금까지의 밍밍이 업적을 보면
기대가 되는걸.

난 잘 몰라.

그래? 그럼......
밍밍이 업적에 대해 알려 줄까?
들어 볼래?

좋아.

업적이 너무 많아서
따라오는데 숨이 찰 수 있어.
운동화 끈 잘 매고
물 한 병 챙겨 와.

준비됐어?
자 그럼 출발해 볼까?

이장님업적을 하루에 한 개씩 몇 달에 걸쳐 정리해왔습니다.
오류를 범하지 않기 위해 다양한 기사와 공보를 확인하였고
그림으로 쉽게 표현하기 위해 오랜 시간 고민했습니다만
실수가 있을 수 있고 개인적인 해석임을 이해 부탁드립니다.

이장님의 업적으로 정리했지만
이장님 혼자만의 업적은 아닐 것입니다.
함께 일하셨던 분들, 모두의 업적일 테지요.

다만 정책결정자로써의 역할과 리더십은
분명 탁월했다고 생각합니다.
좋은 아이디어는 빠르게 적용했고
공권력이 필요한 부분은 깨알같이 찾아
권한을 최대로 행사했으니까요.

그런 점에서
그가 가지고 있는 가치관과
삶의 철학을 봐주시면 좋겠습니다.

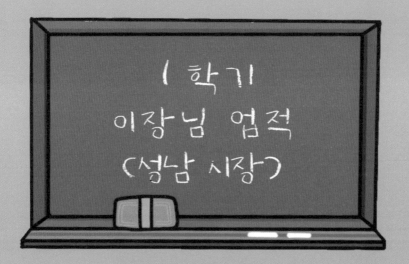

1. 무상 교복

라떼는 무상 교복이 없었어.
똥꼬 찢어지게 가난해서
교복셔츠 하나 추가하려면
엄마 눈치 엄청 봤었지.

이제 내가 엄마가 됐고
지금은 무상 교복이야.
내 딸은 내 눈치 안 보잖아.

나는 그게 참 좋아.

2. 무상 산후조리

산후조리원 비용을 모았으면
우리 식구 해외여행 갔을 거야.
모히또 가서 몰디브 한잔했을 수도.

나 이 공약 보고 엄청 부러웠어.

3. 한국 대표기업 유치

대기업을 유치했을 때 성남에 좋은 일이 뭘까?

1.일자리 마구마구 생기지~
2.상권이 활활 활성화되지~
3.세수가 꽉꽉 증대되지~
4.자주 재원이 알뜰하게 확보되지~

대기업은 이렇게 활용하는 거잖아.

(이렇게 유치하게 된 대기업 중에 '두산'이 있어. P52와 연결해서 봐줘.)

4. 공직사회 감성경영 도입

경직된 공직사회에 감성경영을 도입했어.
밍밍이 왈
"시민과의 소통도 중요하지만 시민의 공복으로 성남시를
꾸려나가는 공무원들이 신바람 나게 일하는 조직문화가
이루어져야 시민이 행복한 성남시가 된다."

근본적인 원인을 들여다보는 점이 난 좋더라.

5. 폐보도블록 재활용, 탄천길 정비

폐보도블록을 재활용해서
불편했던 탄천길에 산책로를 만들었어.

재활용으로 예산을 아낄 수 있고,
새로운 재활용 사업으로 일자리도 만들어졌고,
시민들의 불편도 해소되는 1석 3조의 효과가 있었다니
이런 좋은 사업은 널리 퍼트리면 좋겠어.

6. 방치된 나대지 공유주차장 정책

주택가 구석구석에 나대지들이 많지?
거기에 쓰레기 쌓이는 거 많이 봤고.

그런 곳을 찾아서 공유주차장으로
활용하는 정책을 했대.
특히 다가구 주택지역에서는 주차난이 심각한데
이런 정책으로 많은 도움이 됐겠잖아.

7. 전국 최초 초중생 무상급식 실현. 친환경 무상급식

라떼를 또 말하자면,
4남매 점심 + 야자 도시락까지 싸느라
아침마다 우리 엄마 고생이 엄청났어.
총 8개의 도시락이라구. 상상이 안 되지?

지금은 엄마들이 도시락 지옥에서 벗어났잖아.
참 다행이야.

8. 대중교통 와이파이 무상제공

이 정책을 무려 2013년부터 시작했대.
지금은 공공시설까지 확대했고.

지금은 당연하다고 생각하는 것들이지만
처음 시작은 당연한 것이 아니라서
추진하는데 쉽지 않았지.
과감하게 시작한 점 칭찬해~

이재명 어린이가 이재명 성남시장에게...

9. 학습준비물 지원

라떼는 돈 없으면 학교 준비물 못 가져갔어.
나도 준비물 못 가져가서 선생님께 많이 혼났지.
밍밍이도 그랬을 거야.
그 맘 아니까 이런 정책이 나왔겠지.

학부모를 '학습준비물 지원인력'으로 채용했대.
그러면 채용된 학부모들은
소액이지만 용돈도 벌고
일반 학부모들은
준비물에 대한 부담과 비용을 들이지 않아서 좋고.
아이들은 눈치 안 보게 되고.

이런 정책 참 좋다!

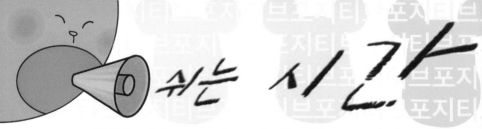

밍밍이는 무슨 말을 하고 있을까요?

입모양을 보고
빈칸에 한 단어씩 써 보세요. ㅋ

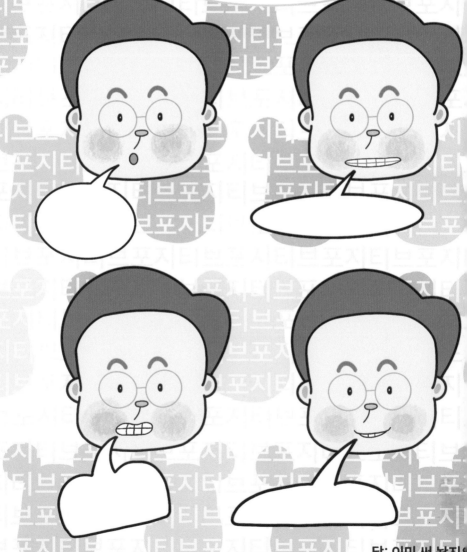

답: 이미 써 났지요

잼가족 정신은 포지티브야.
개딸들이 가르쳐 준 거지.
긍정적 마인드로 행동하면
힘이 더 세진다는 걸 배웠잖아.
나그네의 옷을 바람이 아닌
햇님이 벗긴 것처럼.

언제나
포지티브 속에
해답이 있지.

이장님도 얘기했어.
위기 속에 기회가 있다고.

✻ 잼가족 : 재명이네 마을 회원들

10. 성남시민을 위한 자전거보험 가입

상해시 200만 원까지 지급.
아빠라는 이름의 아이의 보호자.
이재명이라는 이름의 시민의 보호자.

11. 청년 기본 소득 Ⅰ

누구는 포퓰리즘이라고도 했고
누구는 '코딱지만한 돈으로 뭘~'이라고도 했지만
그건 '돈'이 아니라 청년들을 향한
'배려'고 '사랑'이 아닐까.

12. 청년 기본 소득 Ⅱ

밍밍이 이야기 들어봐.
"우리 서민들은 30만 원만 있으면 가족들 연탄이라도 사고
쌀이라도 사서 먹고 살 텐데,
그 돈 없어서 '어떻게 해 버리자.', 이런 사람들도 있지 않은가.
왜 가난한 사람은 은행을 이용하지 못하나.
국가가 조금만 책임져 주면 되지 않는가.
국가가 국민에게 최소한의 금융 이용의 기회를 만들어
주자는데 왜 비난하는 것인가."

(청년기본금융: 3% 안팎의 저금리. 최대 500만 원.
무심사 장기대출)

13. 아동 치과 주치의 제도

초등학교 4학년을 대상으로(영구치 배열완성 시기)
시내 치과의원을 정해
충치예방과 치아건강을 지원하는 제도야.

아이들을 위한 정책이 많아서 좋아.
아이들은 우리의 미래니까.

14. 성남시청, 시민에게 개방

이전 시장이 지은 호화 성남시청의 문을 활짝 열어 주었어.
! 시장실, 도서관, 체력단련실, 로비...
이때 시장실에 방문했던 시민들과의 사진이
조폭과 연루되어 있다는 가짜뉴스로 바뀌었지.
이에 대해 '선거보도심의위'에 심의신청한 결과
중앙선거관리위원회 '인터넷선거보도심의위원회'는
조폭연루설을 보도한 언론사 3곳에 '제재'결정을 내렸어.
그럼에도 불구하고, 지금까지도 조폭연루설을 주장하는 이들이 있어.
-참고기사https://www.ajunews.com/view20211125110333762

성남시청이 시민들의 사랑방으로 변했어.
시민들이 자연스레 정책 참여도 할 수 있고
감시기능도 되겠지?

15. 성남 의료원

"시장 돼서 병원 설립하겠다."

성남시장이 된 이유 중 하나야.
성남 의료원 하나 짓는데 어마무시한 핍박을 받았어.
그래도 결국엔 공공의료원을 만들었지.
공공의료원이 많아져서
아플 걱정 없는 사회가 됐으면 좋겠잖아.

! 알려드립니다.
'국민의 힘'000의원이 성남의료원의 위탁주체를 민간의료법인으로
확대한다는 개정조례안을 발의했습니다.
공공병원 빈간위탁은 민영화와 다름 없습니다.(2022,10)
-의사신문. 2022,10,11.http://www.doctorstimes.com/news/
articleView.html?idxno=220406

16. 성남 모란 개고기시장 해결

상인들의 반발이 심했겠지? 그들에겐 삶이니까.
이 문제를 어떻게 해결했을까?

1.개고기문제해결 태스크포스 구성.
2.위법시설에 대한 단속과 상인과의 대화 -> 자진철거.
3.상인들의 업종전환 지원.

(임대료 인하 등 건물주와의 재계약 유도, 저금리 알선, 경영마케팅지원,

취업알선, 시소유공실점포 입주권 부여, 시장환경정비지원)

성남 FC & 성남 블루팬더스

17. 성남FC, 야구단 블루팬더스

쓰러져 가는 축구단이었던 성남 일화를 인수해서
성남FC로 재창단 했잖아.
야구단 블루팬더스도 창단해서
야구꿈나무에게 기회가 생겼어.

지자체의 시민구단은
시민들에게 각종 복지로 되돌려 줄 수 있어.

시민들이 함께 응원한다면
시민구단 경기가 더 재미있겠지?

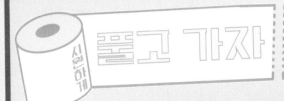

시원하게 풀고 가자 성남FC

자~~~ 일단 성남FC에 대해 얘기해보자.
성남FC는 성남시민프로축구단이야.
원래는 프로구단이었는데 성남시가 인수했어.

성남FC에
광고낼래.

어머!
너무
좋아!

오예!

광고비

광고비

광고비

그래.

광고비 받았으니까
세금은 올려 드릴께요

성남시민

세금

기업

성남FC

성남FC직원

해외원정응원

성남FC공무원서포터즈

성남FC는
시민의 세금으로 운영돼.
당연하지. 성남시 소속이니까.
성남FC소속 직원들은
기업의 광고유치를 위해 노력했어.
광고비가 들어오면
시민세금사용을 줄일 수 있으니까.
당연히 누가 이득이겠어?
성남 시민이 이득이지.

나 정진상.
성남FC공무원
서포터즈로써
해외원정응원을
간거야.

경찰이 3년 3개월간 수사 후 무혐의로 결정 내린 성남 FC. 이제 와서 문제 있다고?

① 곽대표라 불리는 곽ㅅㅇ

곽대표는 성남FC의 전대표야.
이분은 나~중에 안OO가 당대표로
있었던 국민의 당에 영입되어 총선에
출마하는 인물이지.
참조https://n.news.naver.com/mnews/article/
421/0006368849?sid=100

이 분이 인터뷰를 했어.
- 이재명의 측근 정진상이 성남FC의 실질적 구단주다.
  : 성남FC의 소유주는 성남시민, 구단주는 시민의 대표인 이재명시장.
- 구단의 광고수입은 성남시가 가져 온 것이다.
  : <u>광고유치</u>는 성남 FC 직원들이 한 것.
- 성남이 기업의 민원을 해결해 주고 후원금을 받았다.
  : 후원금 아니고 광고비.

② 분당구 정자동에 두산 땅이 있었대.
수 십년간 방치되서 흉물이 된 땅이었어.
그 땅을 용도변경 시켜준 것은
성남FC와는 상관 없는 건데
같은 두산이라고 엮네?

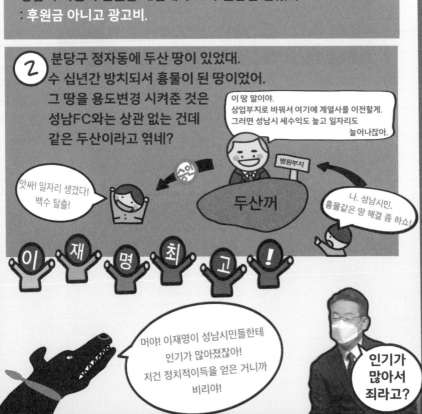

이 땅 말이야.
상업부지로 바꿔서 여기에 계열사를 이전할게.
그러면 성남시 세수익도 늘고 일자리도
늘어나잖아.

병원부지

앗싸! 일자리 생겼다!
백수 탈출!

두산꺼

나, 성남시민.
흉물같은 땅 해결 좀 하쇼!

이 재 명 최 고 !

머야! 이재명이 성남시민들한테
인기가 많아졌잖아!
저건 정치적이득을 얻은 거니까
비리야!

인기가
많아서
죄라고?

52

오해가 풀렸어?

이 일을 경찰은 3년 3개월 동안 수사했어.
결국 무혐의가 난 것을 이번 정부에서는
또다시 수사하고 있지.

출처 : 밍밍이 인스타그램

이게 무슨 뜻일까?
성남FC 수사를 포함, 이재명과 관련해서
지금까지(2022.11월)
총 234번의 압수수색을 했어.

서울중앙지검 반부패수사부1,2,3부 전체가
야당(민주당)수사에 총동원되었다고 해.

이상하지 않아?
무혐의로 끝난 일을 이렇게까지 수사하는 이유가 뭐지?
모든 정치인을 이렇게 수사했었나?

18. 환경교육 진흥 및 지원조례 제정

밍밍이는 삶의 질을 위해서는 환경이 중요하다고 생각했대.
그래서 초등학교 4학년 환경교육, 찾아가는 시민환경교실,
성남시 산하기관의 생태교육 필수이수제 시행 등,
여러 가지 환경에 대한 노력을 했어.

'물땡땡이와 떠나는 지도 속 습지 세상'은
지금까지도 연결되고 있는 좋은 프로그램이야.

19. 5급수였던 탄천을 2급수로

분당택지를 조성하면서 파괴되었던 탄천을
꾸준한 관리와 노력으로
깨~~~끗하게 만들었어.

그래서 새도 다시 날아오고 물고기도 다시 돌아왔다지.

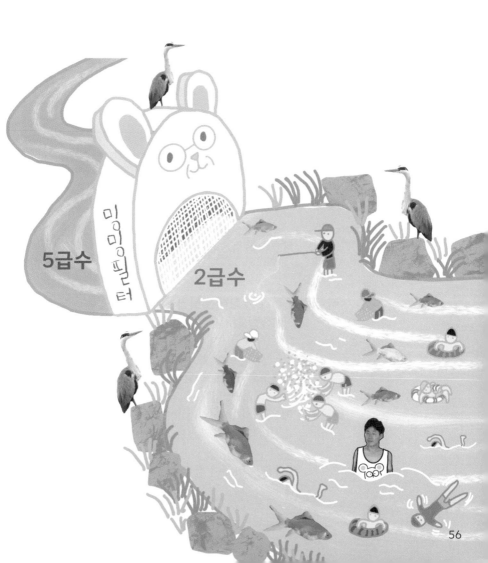

20. 신해철 거리 조성

여러 명이 뜻을 모아 신해철 작업실이 있던 분당에
신해철 거리를 만들었어.

혹시... 신해철을 모를 수도 있겠지?
라떼들은 마왕이라고 불렀어.
그의 노래도 너무 좋지만, 난 그를 지식인으로 기억해.
토론 프로에 나와서 논객들 다 씹어 삼켜 버리는
유일한 아티스트.

요즘은 마왕이 참 그리워.

21. 취임 3년 만에
성남시 부채 5,400억 청산

행정 능력을 인정 할 수밖에 없어.
대선 끝나고 봤던 댓글 중에 이런 말이 있었어.

'대한민국 국민은 벤츠를 버리고 리어카를 선택했다.'

ㅠ.ㅠ

22. 1일 명예 시장제 운영

시민과의 진정한 소통 방법이라고 생각해.
1일 명예시장이 되면 정책 제안도 할 수 있고
회의에도 참여할 수 있더라고.
한두 시간 체험하는 시장이 아니라
하루 종일 시장일을 보는 거였어.

하루지만, 시장이 될 수 있다면 어떨 것 같아?
내 생각엔
그 뒤로도 관심을 가지고 적극적인 민주 시민이 될 것 같아.

명예시장의 전당

명예 시장

2022.06.09.JH

23. 성남 상대원시장, 비가림막 설치

날씨 궂을 때 비가림막이 없으면 재래시장 가기 싫어지잖아.
그래서 준비했어.
상대원시장 비가림막!
뿐만 아니라 LED조명에 CCTV까지 설치했대.

난 재래시장이 참 좋아.
'원 플러스 원'보다는 멋진 우리말 '덤'이 더 좋아.
재래시장에 가면 덤으로 받을 수 있는 게 얼마나 많은지.
오늘따라 재래시장 떡볶이가 먹고 싶네.
덤으로 오뎅 국물도~

24. 도촌, 판교 종합사회복지관 건립

"최근 복지논쟁이 한창인데 성남시는 시민이 낸 세금과
예산을 귀중히 활용해 주민 복지를 늘려나가겠다."
(2015)

종합사회복지관은 사회적 약자의 생활을 보장하는 곳이야.
어린이집도 포함되어 있고
노인을 위한 공간 장애인 관련 시설,
각종 프로그램을 할 수 있는 곳이래.
말 그대로 종합사회복지관.

복지 백화점 같은 곳이네~

25. 도서관 설립

전국 모든 마을에
걸어서 갈 수 있는 도서관이 있다면 얼마나 좋을까?

도서관에서 쉴 수도 있고, 놀 수도 있고,
책 데이트도 할 수 있는 문화 공간이면 참 좋겠어.

독재자는 우민 정책을 쓰면서 도서관 사업을 줄이지만
참 지도자는 민중 교육을 위해 도서관 사업에 투자를 많이 하지.
우리가 현명해져야 참 지도자를 알아볼 수 있는 거니까.

! 2022.11. '윤석열 대선후보캠프 특보출신'으로 지난 7월에 취임한 마포구청장은
관내 구립 '작은 도서관'을 폐관하고 독서실로 전환한다는 방침을 내렸습니다.
이에 많은시민들이 방침철회요청을 함에 따라 작은도서관의 기능은 그대로 두고
야간에 스터디카페로 활용할 수 있는 방향을 찾겠다는 입장을 내놓았습니다.
시민이 정책에 관심을 가져야 권리를 누릴 수 있다는 단적인 예입니다.

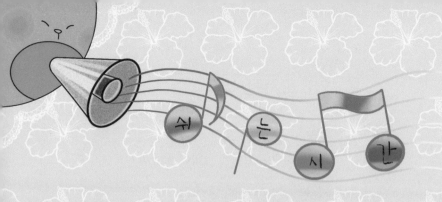

쉬는 시간

" 오늘은 어떤 모자를 쓸까?"

5세대 원탑 슈스*밍밍은 옷장 앞에서 고민하고 있어요.

배추모자? 갓? 돼지모자? 개구리모자? 산타모자?

어떤 모자가 잘 어울릴까요?

함께 골라 주세요.

*5세대 원탑 슈스 : 5세대 (10대,20대,30대,40대,50대) 통틀어 최고의 슈퍼 스타라는 뜻(잼마을용어)

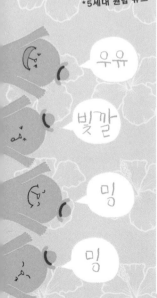

우유

빛깔

밍

밍

오늘은 뭘 쓸까?

2022.06.22.J.H

사진출처 : 재명이네 마을

64

가방끈 긴 ∼∼ 도시 성남

26. 평생 학습도시 성남

행복 학습센터 37곳!
평생 학습네트워크를 구축하고
시민들의 요구에 맞춰 프로그램을 운영했어.

"성남 시민에게 세대별, 다양한 교육기회제공이
중요한 정책 과제입니다."

이장님 철학^^

27. 관내 최대 '판교 노인 종합복지관' 건립

지하 2층 : 주차장.
지하 1층 : 수영장, 경로식당, 무용실, 콘서트홀.
지상 1층 : 노인 주간 보호센터, 물리 치료실, 체력 단련실,
　　　　　 골프 연습실, 사무실.
지상 2층 : 도서관, 음악실, 바둑 장기실, 서예실, 프로그램실.
지상 3층 : 탁구장, 당구장, 강당.
지상 4층 : 휴게공간 시설.

어르신들은 좋겠다.^^

28. 인사청탁 금지를 위한 시장실 CCTV설치

'책임감 있는 사람들은
쉬운 선택보다
올바른 선택을 할 것이라는
신뢰를 받기 때문에
더 많은 기회를 얻을 수 있다.'

존 맥스웰

29. 대장동

말해 뭐해.
대한민국에서 개발이익을 공공이익으로 환수한
최초의, 최대의 치적이야.
박수받아야 마땅한 일을
왜곡시켜서 너무 속상해.

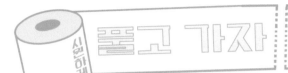

풀고 가자 또장동!

1 밍밍이 영역

성남시

2004. LH대장동개발사업제안
2009. 당시 대통령(이XX)
"LH와 민간회사가 경쟁할 필요 없다."
->LH의 대장동사업포기
->민간개발여건마련

성남땅에 아파트를 지으면
성남시에 이익이 있어야지.
민간개발은 시민들에게
돌아가는 혜택이 없어서 안돼.
공공개발로 할거야.

2010
이재명
성남시장당선

전국 최초로
공공건설원가
세부내역 공개하자!

자유한3
+
성남시으
절대반
=공공개발

- tip
1 '밍밍이 영역'을 먼저 보고 2 '50억클럽 영역'을 보세요.

2 50억클럽 영역

부산시

브로커 조모씨.
부산저축은행
불법대출 1,155억

부산저축은행
부도사건

수사돌입
사건주임검
윤석열

박영수

박

브로커 조모씨 변호사: 박영수

변호사와 검사가
친하다?
참조https://www.hani.co
arti/society/society_gen
1026099.html

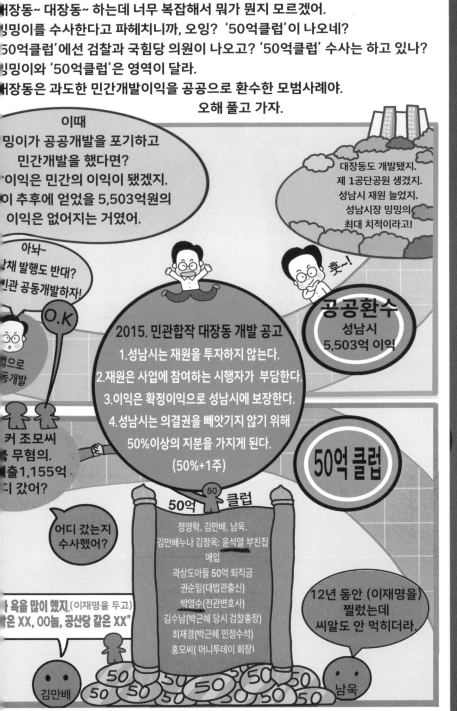

대장동~ 대장동~ 하는데 너무 복잡해서 뭐가 뭔지 모르겠어.
밍밍이를 수사한다고 파헤치니까, 오잉? '50억클럽'이 나오네?
'50억클럽'에선 검찰과 국힘당 의원이 나오고? '50억클럽' 수사는 하고 있나?
밍밍이와 '50억클럽'은 영역이 달라.
대장동은 과도한 민간개발이익을 공공으로 환수한 모범사례야.
오해 풀고 가자.

이때
밍이가 공공개발을 포기하고
민간개발을 했다면?
이익은 민간의 이익이 됐겠지.
이 추후에 얻었을 5,503억원의
이익은 없어지는 거였어.

대장동도 개발됐지.
제 1공단공원 생겼지.
성남시 재원 늘었지.
성남시장 밍밍의
최대 치적이라고!

아놔~
채 발행도 반대?
민관 공동개발하자!

O.K

으로
동개발

공공환수
성남시
5,503억 이익

2015. 민관합작 대장동 개발 공고
1.성남시는 재원을 투자하지 않는다.
2.재원은 사업에 참여하는 시행자가 부담한다.
3.이익은 확정이익으로 성남시에 보장한다.
4.성남시는 의결권을 빼앗기지 않기 위해
50%이상의 지분을 가지게 된다.
(50%+1주)

커 조모씨
무혐의.
출1,155억
디 갔어?

어디 갔는지
수사했어?

50억 50 클럽
정영학. 김만배. 남욱.
김만배누나 김정옥: 윤석열 부친집
매입
곽상도아들 50억 퇴직금
권순일(대법관출신)
박영수(전관변호사)
김수남(박근혜 당시 검찰총장)
최재경(박근혜 민정수석)
홍모씨 (머니투데이 회장)

50억 클럽

12년 동안 (이재명을)
찔렀는데
씨알도 안 먹히더라.

욕을 많이 했지.(이재명을 두고)
은 XX, OO놈, 공산당 같은 XX"

김만배

50 50 50 50 50 50
50

남욱

대장동 특검하자니까~!
왜 안해?

동업

씨알도 안 먹혀.

남욱

정영학 회계사

뉴스타파
-정진상 34쪽 압색영장 속
천하동인 1호 '그분' 실체는-

법무법인 '강남' 한솥밥
2015년 변호 (대장동정관계로비의혹수사)

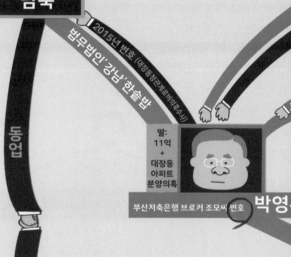

딸:
11억
+
대장동
아파트
분양의혹

부산저축은행 브로커 조모씨 변호

박영수

대장동
초기개발시행사
'씨세븐'대표

이모씨

부산저축은행과
대장동

2022.6월 대장동,위례사건수사부를 '박영수특검단' 출신
검사들로 교체했어.
 50억클럽 의혹이 있는 '박영수'의 키즈들이 대장동수사를
맡은 후 50억클럽과 박영수에 대한 수사는 어디로 갔지?
반면 밍밍이와 밍밍주변인사들에 대한 압수수색이 이어졌어.

참조: 경향신문. 2022.02.21.기사
한국일보. 2022.10.28.기사

로커 조모씨 사건 소개

전대유 법률고문 위족, 딸 취업해줌

가족 간 주택매매

배

아빠집
???

부산저축은행담당검사 ◯ **윤석열**

카피한전 수사

부산저축은행 변호

김만배

법조 출입기자.
(머니투데이)

기자, 취재원 사이.

'윤석열,내가 가진
카드면 죽어.'

시민언론 더탐사
'윤석열,내가 가진 카드면 죽어'김만배,
김건희 주가조작 알고 있었나

부산저축은행
1155억 불법대출

브로커 **조모씨**

1155억 대장동 씨드머니

-정영학녹취록, 국정감사에 나온 50억클럽 의혹인물-

권순일 대법관.

곽상도 의원.

김수남 전검찰총장

최재경 전 민정수석.

홍선근 머니투데이

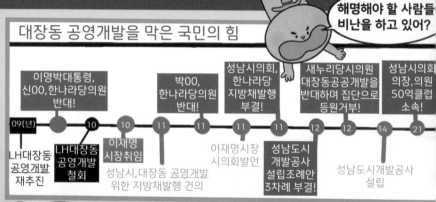

해명해야 할 사람들 비난을 하고 있어?

대장동 공영개발을 막은 국민의 힘

이명박대통령, 신00,한나라당의원 반대!

박00, 한나라당의원 반대!

성남시의회, 한나라당 지방채발행 부결!

새누리당시의원 대장동공공개발 반대하며 집단으로 등원거부!

성남시의회 의장,의원 50억클럽 소속!

09(년)   10   10   11   11   11   11   12   12   14   21

LH대장동 공영개발 재추진

LH대장동 공영개발 철회

이재명 시장취임

성남시,대장동 공영개발 위한 지방채발행 건의

이재명시장 시의회발언

성남도시 개발공사 설립조례안 3차례 부결!

성남도시개발공사 설립

이재명열린캠프 대장동TF 기자회견 참조

박완주의원

이어 박 의원은 "개발 추진 초기에 민간개발을 강력히 주장했던 분들이 국민의힘의 전신인 새누리당 소속 정치인 분들인데, 지금은 되레 민간에 이익을 몰아줬다고 대장동 사업을 비판하시니 참으로 어불성설"이라며 강한 유감을 표했다.

(2021.10.8)https://blog.naver.com/hes2028/22254094201

9일 부동산 개발과정에서 민간업자의 과도한 이익을 제한하는 이른바 '대장동3법' 중 도시개발법과 주택법 개정안이 국회를 통과했습니다. 그러나 가장 핵심 법안인 개발이익환수법이 국민의힘의 몽니로 인해 제외되었습니다.

(2021.12.10)https://blog.naver.com/jaeyeonwind/22259213130

국회서 열린 '개발이익 도민환원제 토론회'에 참석, 불로소득 견해 피력
"분양가 상한제 찬성하지만 제3 대안 지향·불로소득 공공 환수해 모두 취해야"
"개발이익은 '인허가' 라는 권한 행사로 생겨나, 특정소수의 부 축적 불공정"

이재명 경기도지사가 12일 정부가 발표한 '분양가 상한제'에 대해 "찬성한다"고 밝히면서도, 불로소득 분배 문제의 보다 근본적인 해결책으로 '개발이익 환원제' 도입을 제시하며 힘을 실어줄 것을 주문했다.
'개발이익 환원제'는 소수에 집중된 불로소득을 공공이 환수해 다수의 국민들에게 돌려주는 것을 말한다.

이 지사는 13일 페이스북에 '불로소득, 특정소수가 아닌 우리 모두의 것으로'란 제목의 글을 올렸다.
그는 이 글에서 "요즘 분양가 상한제를 두고 찬반양론이 뜨겁다. 분양이익을 건설업자가 모두 가져갈 것이냐, 분양받는 특정 소수에게 그 차익을 나눌 것이냐의 대립" 이라고 밝혔다.
그러면서 "(나는) 분양가 상한제에 찬성하는 입장이지만, 궁극적으로는 제3의 대안을 지향한다. 분양으로 인한 불로소득을 공공이 환수해서 국민들이 함께 취하도록 하자는 것이다. 이러한 취지로 경기도가 개발이익 도민환원제를 추진한다"고 강조했다.

그는 특히 "하루속히 공공환수라는 대명제가 경기도 아닌 대한민국의 정책의제가 되기를 진정으로 바란다"고 전했다.
이 지사는 앞선 이날 오전 국회에서 열린 '개발이익 도민환원제 토론회'에 참석해서도 불로소득과 관련한 견해를 피력했다.
그는 토론회에서 "노력없이 우연한 기회로 생겨나는 소득을 꿈꾸는 사회, 부동산 소유만으로 과도한 이익을 취하는 불합리한 사회, 자라나는 세대들의 꿈이 '건물주'인 사회를 부동산 불로소득 공화국이라고 부른다. 지금의 대한민국" 이라고 지적했다.
그러면서 개발이익에 있어 공공의 권한행사가 동반하는 점을 들어 불로소득 분배의 불공정함을 설명했다.

"개발이익은 '인허가' 라고 하는 권한을 행사함으로써 생겨난다. 그렇기에 자본투자에 따른 이익이나 노력의 산출물 이라고만은 볼 수 없다. 공공의 권한행사로 생겨나는 불로소득으로 특정소수만 부를 축적하는 것이 일상이 돼 버렸다. 공정한가."
이 지사는 이어 시의 5천억 원 이상의 개발이익 환수에도 불구, 사업자가 3천 억원이 넘는 수익을 거둬 들이는 성남시 대장지구 사업을 사례로 들며 공공환수의 필요성을 강조했다.

한편, 토론회는 경기도와 경기연구원이 주관하고 국회의원 23명이 공동 주최했다.

원문 :
https://www.nocutnews.co.kr/news/5197568 (2019.08.13)

다른 개발지역과 비교해보자.

개발지역	개발방식	공공의 수익률
대장동	민관공동개발(우선주)	+5,503억
하남 풍산지구	민관공동개발(우선주)	+1,110억
다산 신도시	공영개발	+4,000억
의왕 백운밸리	민관공동개발(보통주)	-403억
부산 엘시티	민간개발	- 1,000억

강득구의원 (2021.10.07)https://blog.naver.~com/atpaju/222529681617

강 의원은 "지금 국민의힘이나 보수언론들은 왜 우선주 방식을 취해서 민간사업자(화천대유 등)에 폭리를 안겨줬느냐고 주장합니다만, 이런 주장이야말로 부동산 개발 업무에 대한 무지를 보여준다"고 주장하면서, "우선주로 수익을 먼저 얻지 않고 추가이익까지 생각해 보통주 방식을 택하면, 민간사업자들이 전체 개발이익을 줄이는(개발비용을 부풀려서) 전략을 취하게 된다"며 "ⓑ의왕시의 실패 사례가 그랬고, 하남시의 경우에도 대장동의 수익률(현재 58%, 설계 당시 72%)을 크게 밑돌고 있다"고 사례를 들었다.

낙엽을 보면 분노가 치미는 이유.

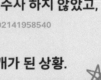

장동은 대선경선에서, 민주당내 경쟁후보가 의혹을
기하면서부터 시작되었지.

***은 형이 가지고 있는 **카드면 죽어.**"녹취록이 나왔는데도 수사 하지 않았고,
억 클럽은 어디 갔는지도 모르겠어. https://v.daum.net/v/20220202141958540

재(2022.11) 대장동의 '그분'이 누구인지 알만한 녹취록이 공개가 된 상황.
엄청난 이슈에도 언론은 조용하네. 참조: 뉴스타파,정진상 34쪽 압색영장 속 천화동인 1호 '그분' 실체

런 걸 수사라고 하는 게 맞어? 사냥 아니야?

74

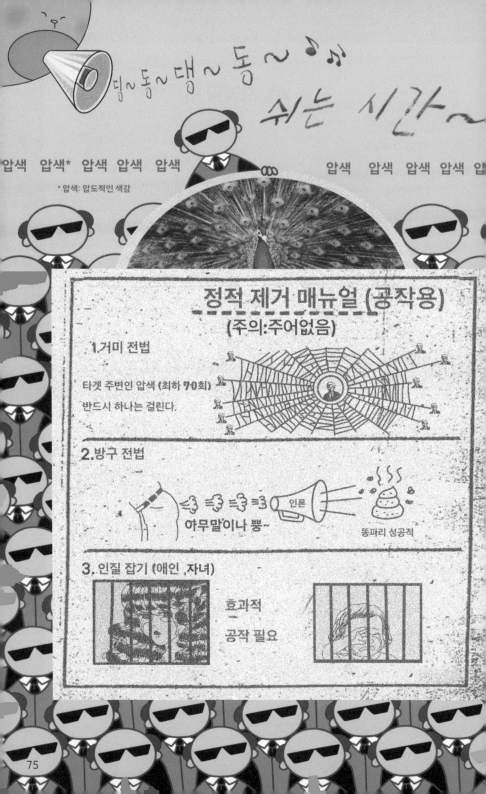

딩~동~댕~동~♪♫

쉬는 시간~

정적 제거 매뉴얼 (공작용)
(주의:주어없음)

1.거미 전법

타겟 주변인 압색 (최하 70회)
반드시 하나는 걸린다.

2.방구 전법

언론

아무말'이나 뿡~　　　　　　　　똥파리 성공적

3. 인질 잡기 (애인 ,자녀)

효과적

공작 필요

30. 성남, 본 시가지에 주민 부담 없는
지역난방 공급 확대
(72,000가구)

지역난방이 되면
난방비가 절감되니 아파트 값이 올라가고
환경 문제도 도움이 되잖아.
게다가 주민 부담이 전혀 없도록 진행했어.

시민들이 이익을 볼 수 있는 정책이지.

31. 지방자치를 지키기 위한 단식투쟁

지방자치를 무너뜨리려는 당시 정권에 대항해
열흘간 단식투쟁을 했어.

시민을 위한 투쟁이었지만
언론에 의해 악마화 되어 버렸지.

누구는 쑈한다고 쉽게 말하지만
다른 사람을 위해 곡기를 끊는 건
쉬운 일이 아니잖아.

광역시장도 아닌 성남시장으로써
정부권력에 대항하는 건
쉬운 일이 아니잖아.

32. 박근혜 세월호 7시간 직무유기,
과실치사혐의로 고발

여전히, 눈을 감지 않아도 그 날이 생생하게 떠올라.
우리들의 끝나지 않은 아픔. 세월호.

광역시장도 아닌 성남시장으로써 대통령을 고발했어.
돌아올 불이익을 몰랐을 리가 없음에도 말이야.
난 그 용기가 이재명 정신이라고 생각해.

기사 하나를 봤어.
이장님이 대선에 출마하면서 경기도지사직을 상실하자,
2019년 이장님이 경기도지사가 된 이후로 게양되던 세월호 추모기를
올해(2022년)는 걸지 않았다는 기사.

"지방선거를 앞두고 있어 정치적 중립을 이유로
세월호기 게양을 하지 않기로 했다."
경기도 측의 입장이었어.

세월호를 정치적으로 본다는 것도
자신들의 피해를 계산한다는 것도
공무원이 권력의 부하인지 국민의 일꾼인지
주제 파악을 못 하고 있다는 것도
참 슬펐어.

아물지 않는 상처, 세월호.
잊지 말아야겠어.

세월호와 이재명.
이건 꼭 보자.
(이재명유튜브)

33. 공공부문 비정규직 근로자 정규직 전환(660명)

지난 대선,
이장님 연설에서 참 좋았던 것 중 하나가
비정규직은 급여를 더 받아야 한다는 거였어.
불안정함에 대해 더 배려를 해야 한다는 거지.
나도 사회가 정상이 되려면
그렇게 되어야 한다고 생각하거든.

정규직 VS 비정규직

이것도 또 하나의 갈라치기라고 생각해.
곳곳에 숨어 있는 갈라치기를 좀 없앴으면 좋겠어.

34. 성남형 창의교육 지원사업 추진 (2013~)

박물관, 체험관 교육, 축구 교실, 목공 수업,
문화 예술 수업, 심폐 소생술, 생존 수영,
민주시민 교육, 지역 특성화 사업...

교육은 이런 게 아닐까.
문제 잘 풀게 하고
시험 잘 봐서
대학 입학해야만
훌륭한 인재양성이 되는 게 아니라는 점!
나도 힘주어 말하고 싶어.

35. 성남 종합스포츠센터,
성남 국민체육센터

성남 종합스포츠센터의 수영장은
스킨스쿠버나 싱크로나이즈가 가능하도록 만들었대.
전국적으로 수심이 깊은 수영장이 별로 없지?
이왕 만드는 거 이런 부분까지 섬세하게 신경 써서 만든 거
칭찬해.

클라이밍 체험센터도 갖추고 있어.
시설이 지어진 10년 전이라면 암벽 등반이나
싱크로나이즈에 대한 관심이 거의 없을 때 아닌가?
요즘도 이런 시설 갖춘 스포츠센터 찾기가 쉽지 않은데...

이쯤해서 밍밍이 인터뷰 내용을 들어 보자고.

"녹지를 훼손하면서까지 인공적인 체육시설을 만드는 것이
타당한지 꽤 오랜 시간 고민이 있었습니다.
체육시설 확충에 대한 시민 열망이 더 많아 추진한 만큼
여러분들이 건강한 삶을 누리는 공간이 되길 바랍니다."

헛둘 헛둘

헛둘 헛둘

체력은 국력!

2022.07.05. J.H

성남시장 동안······

참 많은 공격을 받더라.

가슴 아픈 가족사에 대한 것도
증거 없는 진술에 의한 것도
모두 어이없는 것이었지만
부풀려지고 왜곡되어서
악마처럼 만들어 버리더라.

하지만 진실은 언젠가 밝혀지겠지?

이재명을 아는 경기도민들은
성남시장을 경기도지사로 선출해 주었어.

출처 http://blog.naver.com/makeup446/222690758295

이재명은 사법피해자.ㅠ.ㅠ

진실은 아주 가까이에 있지.
가만히 바라보기만 해도
찾을 수 있는 곳에.
그렇게 가까이에 있어.

더 이상 속고 싶지 않아.

나는
동물농장의
개, 돼지가 아니야.

"강물은 바다를 포기하지 않습니다."

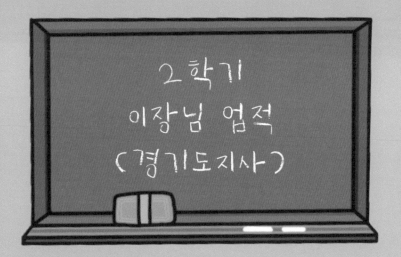

2학기
이장님 업적
(경기도지사)

나 좀 봐줘
내가 얼마나 잘 하는지

1. 어린이를 위한 과일 공급사업

밍밍이 어렸을 적 소원이
싱싱한 과일을 실컷 먹어 보는 거였다지?
본인 삶의 경험을 정책으로 펼쳤네.

꼬마 밍밍이처럼 힘든 어린 시절을 보내는
아이가 없기를 나도 함께 바라.

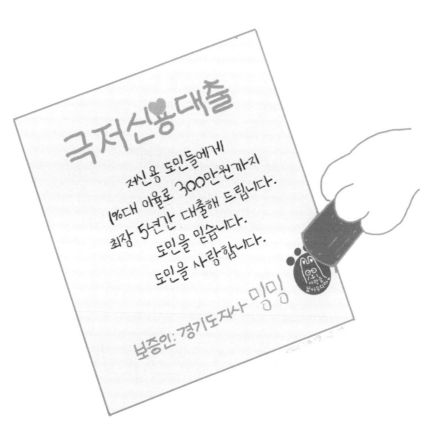

2. 극 저신용 대출

라떼는 집집마다 보증 때문에 망한 친척이 수두룩했지.
'보증 지옥'이란 말도 있었어.

극 저신용 대출 내용을 봐.
이 정책을 반대하는 사람들이 참 많았지만
밍밍이는 도민을 믿는다고 했어.
사람에 대한 애정과 믿음이 있어야
가능한 정책이라고 생각해.

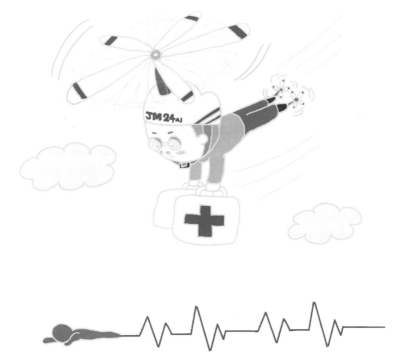

2022.04.05. J·H

3. 경기도 8년 미해결, 24시간 닥터 헬기 도입

닥터 헬기는 골든 타임을 위해 꼭 필요한 거야.
유지 비용이 많이 들어가서 쉽지 않은 사업이었지만...

돈이냐! 생명이냐!

뭣이 중헌디!

4. 저소득층 청소년 생리대 지급

생리 해 본 사람은 다 알지.
유기농 생리대를 써도 따갑고 불편하잖아.

생리대를 살 수 없어서 운동화 깔창을
생리대로 사용했다는 기사.
마음이 너무 아팠어.

그래도 이장님이 아빠같이 챙겨주니
나까지 위로받는 기분이었어.

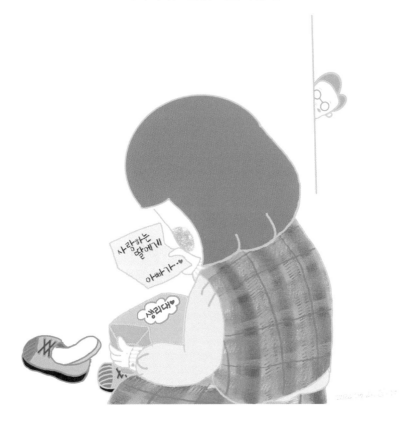

2022.04.07. J. H

5. 독도 제대로 알고 사랑하기 운동

"독도는 단지 섬이 아니다.
독도 수호를 통해 대한민국의 영속성을 지켜가야 한다."

성남시청에서 독도를 실시간으로 감상할 수 있도록 했대.
중요한 의미를 품고 있는 정책이라고 생각해.

6. 일본 성노예 피해자 매월 최고 293만 원 지원

이래야 되는 거지.
이게 맞지.

영화 '귀향' 봤어?
나는 시작부터 끝까지 줄줄 울면서 봤어.

우리의 역사를
절대! 잊으면 안 돼.
이것은 타협과 논란의 여지가 없는 것이라고 생각해.

7. 신천지 코로나 전수조사 지시

아무도 못 건드렸던 신천지.
이장님이 코 쑤셨잖아.
엄청 용감해.
이건 그냥
박수!!!

각주1) 신≒새, 천지≒누리. 새누리.

8. 계곡 정비

다들 불가능하다고 했지.
괜히 건들지 말라고도 했고.

하지만
꾸준한 토론과 설득으로
결국엔 해냈네.

쉬는 시간

이장님 말씀 들어 보세요.

국민이 주인이다
국민이 주인이다
국민이 주인이다
국민이 주인이다
국민이 주인이다
국민이 주인이다
국민이 주인이다
국민이 주인이다
국민이 주인이다
국민이 주인이다
국민이 주인이다

부탁하지 말고
명령하십시오

"꼭 대통령 되어서 이런저런 일을 해달라."
요즘 이런 부탁의 말씀을 많이 듣습니다.

부탁하지 말고 명령하고, 지시하십시오.

정치인은 국민의 지배자가 아니라 심부름꾼입니다.
'내가 원하는 나라는 이렇다.'
'법 지켰다고 손해 보지 않게 해라.'
당당히 요구하시고,
그 명령을 제대로 실천할 사람을 선택해주십시오.

2021. 11. 28. 광주 송정시장 연설에서.

감동이잖아~~~

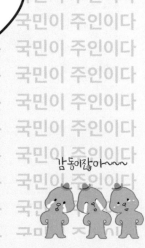

국민이 주인이다 국민이 주인이다 국민이 주인이다
국민이 주인이다 국민이 주인이다 국민이 주인이다
국민이 주인이다 국민이 주인이다 국민이 주인이다
국민이 주인이다 국민이 주인이다 국민이 주인이다

2022. 01. 16. J. H

국민이 주인이다 국민이 주인이다 국민이 주인이다
국민이 주인이다 국민이 주인이다 국민이 주인이다
국민이 주인이다 국민이 주인이다 국민이 주인이다
국민이 주인이다 국민이 주인이다 국민이 주인이다

9. 국공립 병원 수술실 CCTV설치

수술실 CCTV는 의사의 실수를 잡아서
벌주려는 의도가 아니라고 생각해.

의사와 환자,
서로에게 벌어질 수 있는 억울한 일을
풀어 줄 방법이 아닐까.
의사에게도 환자에게도 도움이 되는 일 같아.

나는 설치반대하는 이유의 타당성을 찾지 못했어.

10. 성남시 여성 안전화장실 도입.
비상벨 경고등 설치

공공 화장실에선
바라보는 눈이 있는지 천장과 벽을 확인해야 돼.
화장실에 혼자 있을 때 기척이 나면 가슴이 두근거려.
불편이 일상이 돼서 불편한지도 모르고 살고 있는데
이런 세심한 정책, 고맙지.

아들 초등학교 때,
남자화장실에 혼자 들여보내기가 걱정스러웠어.
남자화장실에도 비상벨 설치됐으면 좋겠어.
남자들도 도움이 필요할 때가 있을 것 같아.

11. 군복무 청년 무료 상해보험

국민으로서 나라 지키는 군인아저씨들에게 고마움이 많아.
내 아들도 언젠가는 군대에 가겠지?
군인 복지가 더 강화됐으면 좋겠어.
군인들도 누릴 자격, 당연히 있어!

12. 경기도 결식아동 급식지원, 아동 급식카드

처음 급식카드의 가맹점이 대부분 편의점이었대.
그래서 아이들이 편의점 음식으로 끼니를 때웠지.
게다가 제3자가 급식카드라는 걸 알게 되면
아이들이 주눅 들 수 있다는 거야.

-경기도 내 모든 일반 음식점에서 사용 가능.
-아이들이 당당하게 사용할 수 있도록
체크카드와 동일한 디자인으로 교체.

난 이런 게 참 좋더라.
사람의 마음을 세심하게 보듬어 주는 거.

13. 경기도 공공 배달앱 '배달 특급'

공공 배달앱!
소상공인들의 중개 수수료가
보통은 20% 가까이 되는데
공공 앱으로는 1%래.

소비자들은 지역화폐로 사용할 수 있어서 좋고
소상공인들은 중개 수수료 절약해서 좋고~

2022 04.26. J-H

14. 국공립 어린이집 대폭 확충

국공립 어린이집은 보육료도 저렴하고 시설도 안전하고
프로그램도 좋아서 엄마들이 많이 보내고 싶어 하지.

이런 엄마 마음, 아이 마음을 나이스 캐치!
경기도에 국공립 어린이집을 많이 만들었어.
이런 소식만 들어도 엄마로서 마음이 편안해지는 거잖아.

15. 고금리 사채업자 퇴출

사채가 참 무섭지.
엄청난 고금리니까.
그래서 사채업을 많이 없앴어.

그랬더니 또 이런 비난을 하더라.
"돈 30만 원이 없어서 죽는 사람이 있는데
거기서도 못 빌리면 죽으라는 것이냐!"

그렇게 절박하신 분들을 위해
극 저신용대출을 만들고 기본소득을 주장하는 거잖아.

안 된다고만 하지 말고 되는 방법을 찾자고.

16. 장애인 복지 강화

장애인 복지 정책이 하도 많아서 정리가 쉽지 않았어.
사각지대 없이 꼼꼼히 도움 주기 위해
노력한 흔적이 참 많이 보였어.

누구나 언제든 장애인이 될 수 있지.
사회적 약자를 대하는 시스템을 보면 그 사회의 수준을
알 수 있다는 말이 있잖아.

복지는 사회의 수준을 보여주는 척도라고 생각해.
그런 면에서 우리나라가 진정한 선진국이 됐으면 좋겠어.

17. 공공발주 건설공사 원가내역 공개

이거 진짜 중요해.
이렇게 되면 민간공사에서
원가를 높게 책정해 버릴 수가 없겠지.
원가를 비교할 수 있게 되니까.

이러니 건설기득권들이 밍밍이를 그렇게 싫어할 수 밖에.
이 정책 진행할 당시에 반발이 무지하게 많았대.
그들 입장에서는 밍밍이가 얼마나 얄미웠을까?

밍밍의 숨은 세금 찾기

18. 탈세 추적

탈루, 은닉 세원 추징.

-2015년 : 145억 원 추징.
-2016년 : 43억 원 추징.
　　　　　 영세 법인을 위해 맞춤형 컨설팅 제공.
-2017년 : '탈세, 은닉재산 신고 포상금 제도' 운영.

19. 국가유공자에 대한 예우 강화

-국가유공자 보훈명예수당을
 현행 5만 원에서 7만 원으로 상향 지급.
-국가유공자에게 사망위로금 20만 원 지급.
-독립유공자, 생존유공자에게 월 30만 원 지급.
-사망 시 조의금 100만 원.
-지정 의료기관, 약국 이용 시 자기부담금 지원.

나라를 위해 목숨을 바친 분들에 대한 예우를 다하는 건
살아있는 자들의 당연한 의무지.

당신의 희생을
기억하겠습니다.

20. 어르신 소일거리 사업

어르신들의 용돈벌이를 위한 사업이야.
용돈일 수도 있고 생활비가 될 수도 있겠지.

경로당 급식도우미, 금연구역 지킴이, 스쿨존 교통지도,
환경 정비, 복지 도우미, 반려견 목줄 착용, 배설물 수거제도,
시니어 생활영어 사업단 운영...

아이디어로 만드는 어르신 사업이 무지 많다아~~~

21. 코로나 드라이브 스루 검사

경기도 공무원의 아이디어를 빠르게 채택 적용했어.
엄청 창의적이고 획기적인 검사방법이지.
드라이브 스루 검사로 많은 사람들이 안전하게
검사받을 수 있게 되었어.

우리 참 고생 많았지?
코로나 때문에 말이야.
코로나가 끝나면 파티를 열고 신나게 즐기고 싶었는데...

이번 기회에 감사 인사드리고 싶어.
더위에 방역복 입고 땀 샤워하셨던 의료진 여러분.
정은경 질병관리청장님,
이장님,
그리고 문 대통령님.

애 많이 쓰셨습니다.
감사합니다.

 1. 2003년 특수 공무집행 방해 & 공용 물품 손상

2003년 성남시 종합병원 2곳이 폐업하게 됐어. 시민들 아프면 큰일이잖아.
그래서 이재명 변호사는 '성남시립병원설립운동본부' 대표를 맡아 공공병원
설립을 주도했어.
2만 명의 서명을 받고 시작한 이 사업이 2004년 한나라당이 다수였던 성남
시의회의 날치기로 무산되어 버렸지.
아래 사진은 그때 그 자리에서 넋 놓고 우는 모습이야.

어떤 이들은 이 사진을 보고 낄낄거리며 웃기도 하더라.
한번 생각해 보자.
변호사였던 이재명에게 공공병원이 꼭 필요했을까?
시민들을 위해 애쓰다 그게 좌절되어서 울었던 거야.
남을 위해 통곡해서 우는 사람을 보고 웃으면 안되잖아?

－ 출처: 밍밍 sns

저 때 시의회에서 공공병원 지켜내려고 버티다 고발 당한 것인데......
그걸로 전과범이라고 말하면 안되는 거 아냐? 충분히 이해할 수 있는 거잖아.

 2. 2003년 공무원 자격 사칭

시민운동할 때 일이야.
성남시가 정, 관계 인사들에게 특혜분양을 한다는 의혹이 있었어.
당시의 성남시장이었던 김OO 씨를 추적60분이 취재하던 중에 인터뷰를
위해 PD가 검사를 사칭했지.
이재명은 그 옆에 있었어. 그래서 고발 당했잖아. 무슨 말이냐고?
PD가 검사 사칭하는 것을 동조했다는 죄였어.
이것이 전과범이라고 조롱 받을 일일까?

김OO 성남시장

여기 검찰청인데요 자..잠깐.

PD

혹시 수원지청에 아는 검사 있어?

있지. OOO.

밍밍

3. 2004년 도로교통법 위반(음주운전)

"

변명의 여지 없는 잘못임을 인정합니다.

다만 굳이 밝히자면, 2004년 경 이대엽시장의 농협부정대출사건을 보도한
권 모 기자가 명예훼손으로 고소당한 사건을 무료 변론 중, 시장의 측근을
만나 증언을 수집하는 과정에서 벌어진 일입니다.
대가는 혹독했지만 그 일로 대출부정을 밝혀낸 기자는 무죄선고를 받았습니다.

"

4. 2010 선거법 위반

성남시장 선거때
지하철 역에서 명함을 돌린 혐의야.
그 때, 새누리당 후보 역시 지하철 역에서 명함을
돌렸는데도 경고만 받았었대.
그래, 잘못했다고 할 수 있어.
하지만 형평성에 문제가 있지.

이래서 전과 4범이 된 거야.
어때? 아직도 밍밍이가 전과 4범으로
비난 받아야 한다고 생각해?

오해가 좀 풀렸을까?
가짜 뉴스가 너무나 많아.
밍밍이가 무슨 죄를 지었니?
라고 물으면
"글쎄... 잘 모르겠지만
죄가 많던데?"
라고 대답하곤 해.
수 많은 진실없는 소음들이
밍밍이를 악마화하고 있어.

나 진짜 열심히 일했잖아.

22. 코로나 대응 경기도 의료원,
임직원 특별휴가 시행

코로나 대응으로 심신이 지친 의료진과 임직원에게
유급 휴가, 휴가비 보상을 시행했어.

"여러분의 헌신과 노고에 조금이라도 보답하고자
특별휴가 2일을 드리고자 합니다.
지친 심신을 달래기에는 부족한 시간이지만
이렇게라도 감사의 마음을 전하며
앞으로도 경기도는 여러분의 특별한 희생에
특별한 보상을 드릴 수 있도록 세심히 살피겠습니다."

23. 대형 유통점 제한과
기업형 슈퍼마켓 규제

약자를 위하는 권력은 세상을 평화롭게 하지.
사람 사는 것도 생태계 같아.
강자만이 살아남게 되는 건 야생이지?
우린 그런 것을 막아달라고, 모두를 보호해 달라고
집단을 이루고 사는 거라고 생각해.

이장님이 골목 상권 지켜줘서 난 고마워.

수·고·했·어·오·늘·도·

24. 건설 노동자 전자 카드제 도입

이 제도로 기대할 수 있는 건
임금체불 방지, 건설인력 경력관리, 적정임금 지급보장,
외국인 불법고용 금지, 안전사고 시 신속대응...
난 이 중에서 임금체불 방지가 참 마음에 들더라고.

누군가의 아버지고 한 가정의 가장이잖아.
노동의 대가는 마땅히 지불되어야 한다고 생각해.

25. 상습 체납자 근절

밍밍이 왈.
"세금이나 과태료 납부 등은 국민의 당연한 의무다.
의무 없이 권리도 없다."
이게 공정과 상식이 아닐까?

-세금 상습 고액체납자 단속.
-체납 관리단 운영.
-고액 체납자 대여금고 강제 개봉.
-고액 체납자 주식/펀드 조회, 압류, 추심하는
 전자 압수 시스템 개발.

2022.06.23.J.H

26. 경기도 내 친일문화 청산사업

이래서 미뤄지고 저래서 미뤄져서
결국 이 나라 곳곳에 친일파들이 뿌리 박고 있지.
너무 안타깝고 답답한 노릇이야.

다행히도 이장님이 경기도 지사시절 도내 친일 문화를
청산하기 위해 꼼꼼하게 노력했더라고.
친일파 작곡가가 작곡한 노래를 폐지하기도 하고
친일파들에게 '친일파명찰'을 박아 주었어.

역사를 잊지 말았으면 좋겠어.
이장님이 전국에 있는 친일 문화를
뿌리 뽑아 줬으면 좋겠어.

쉬는 시간

언제 어디서나 밍밍이 놀이

놀이준비물

나뭇잎 샤프 햇님 ♥ 따랑~

그대는 그저 빛

밍밍의 계시

내 안에 너 있다.

① 한땀 한땀 뚫기

밍밍을 경배하라

125

27. 경기도 부동산 허위매물
고강도 단속

부동산 시장을 교란시키는 인터넷상 부동산 허위매물을
뿌리 뽑기 위해서
'공인중개사법' 개정을 건의했어.
강한 단속과 처벌을 위해서.

적폐와 기득권들이 싫어할 일들을
맨날 하니
맨날 공격 받지.

공격받으며 시민, 도민을 지켜줬으니
나도 이제 도와주고 싶어.

2022.07.11.J.H

28. 페이퍼 컴퍼니 단속

공사수주를 노리는 페이퍼 컴퍼니를 단속함으로써
입찰 단계에서 30%까지 차단했대.
만약에 적발되면 영업정지 뿐만 아니라 행정처분까지 받고
입찰 방해로 수사 의뢰도 했대.

"페이퍼 컴퍼니는 공사비 부풀리기, 건실한 건설사의
수주 기회 박탈 등 건설사업에 악영향을 주는 만큼
반드시 근절해야 할 사회악이다."

2022.07.14.J.H

29. 동물복지 공약-반려동물 불량식품 퇴출

우리들의 작은 친구들이 건강하기 위해선 먹거리가 중요하지.
그래서 반려동물 먹이 안전성 검사를 실시하기로 했대.

사료 성분과 원산지 표시도 점검하고,
수거해서 검사까지 한다네.
유통기한이 지난 사료를 판매하거나
함량 미달, 부적합 재료를 사용한 업체는
영업정지와 같은 행정처분까지 받게 된다니!

경기도에서는 작은 친구들도 존중받으며 살고 있었구나.

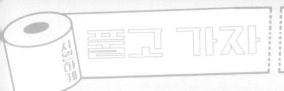

행복이는 유기견이었어. 오랫동안 길에서 떠돌며 사람들에게 상처도 받았나봐.
마침 반려동물 복지에 대해 고민하던 성남 시장 밍밍은 행복이를 성남시청으로 입양을 했어.

녹는다 멍~

밍밍이sns   https://cafe.naver.com/jamgallery/69421

'카라'측의
공식 해명

하지만 밍밍이가 경기도지사가 되면서 행복이에 대한 거취가 고민되기 시작했어.
밍밍이는 행복이를 입양했던 '카라'에 개인자격으로 입양하겠다고 신청을 했는데
카라에서 거부했어.

행복이와 함께하는 동안 밍밍이에 대한 나쁜 소문이 퍼졌어.
그중 하나가 동영상인데, 밍밍이가 행복이를 밀쳐냈다는,
동물을 좋아하지도 않으면서 연기한다는 말이었어.

자세히 보면
알 수 있어.
너무 자세히
봤진 말고...
ㅡ;ㅡ

출처 : https://cafe.naver.com/jamgallery//64883

악의적 편집이었어.
동영상을 처음부터 보면 행복이가 너무 좋아서 뛰다가
밍밍이의 소중한 부분(그래. 남자의 소중한 그 부분)을
꾹! 누르는 사태가 벌어진 거야.
사실은 아픈? 일이었는데 그걸로 밍밍이를 나쁘게
이미지화하고 욕하더라.

이재명시장은 이제 경기도지사가 되어 성남시청을 떠났습니다.
지난 7월, 경기도 이재명지사 측으로부터 행복이의 입양을
원한다는 연락이 왔습니다. 이재명지사는 공관을 사용하지
않고 아파트에서 생활하고 있어 경기도청 내 카라가 지정하는
장소에 아이를 키울 공간을 만들어 데리고 오고 싶다는 얘기
였습니다. 하지만 카라는 내부 논의를 거쳐 이를 거절했습니다.
재차 심의 요청이 왔지만 다시 불가의사를 밝혔습니다.
이재명시장이 행복이의 보호자로 제 1순위인 것은 맞지만
개인 보호자로서 입양 조건은 최상이라고 할 수는 없습니
다. 이재명 시장은 공관 대신 아파트에 거주했고, 가족 중
알러지가 있는 사람이 있어 어쩔 수 없이 경기도청에 자리를
마련해 키우겠다고 했기 때문입니다. 이재명지사는 이제
중년을 넘어 노년기로 넘어가는 행복이에게 최상의 입양자가
아니었습니다. 이재명지사는 최종적으로 카라의 입장에
동의해 주었습니다.

갑자기 한 언론사에서 행복이의 거취를 보도하면서 사실과
다른 여러 억측과 비난이 쏟아지고 있습니다. 카라는 노년기에
막 접어든 행복이가 한 개인의 반려동물로서 살아가는 게 더
나은 선택이라는 판단에 이른 만큼 이제 녀석의 개인 입양을
추진할 것입니다. 이것은 입양동물의 거취가 변경될 경우
카라로 원위치 되어야 한다는 입양서약서상 약속에 따른
것으로 모든 동물에게 공통 사항입니다.
만약 적합한 입양처가 나서지 않는다면 내년에 지어질 카라
파주센터에서 행복이가 입양이 될 때까지 최선을 다해 보살필
예정입니다.
행복이는 이제 다시 카라의 품으로 돌아옵니다.
이재명지사는 행복이의 입양을 포기하는 대신 좋은 가정으로의
개인 입양을 지원하겠다고 했습니다.

https://www.ekara.org/activity/
policy/read/10606

잠깐! 하나 더!

각종SNS와 블로그에
이런 사진이 올라오면서
비난이 시작되었어.
행복이가 학대받는다는 글들이었어.

갈비뼈가 드러나 보이는 사진이니
오해할만도 하지.
논란이 심화되자 '카라'에서도
해명글을 올렸지.

애견스쿨 철망

이야기 둘. 행복이가 살이 빠진 과정

행복이는 개농장에서 주는 짬밥을 오랜 기간 먹어서 통통한 편이었습니다.
항상 짧은 줄에 묶여 있다보니 운동은 할 수 없었습니다.
검진 결과 임신과 출산도 경험했던 것으로 나타났고, 아토피가 있지만 건강한 편이었습니다.

성남시에서 돌봄을 받으며 살아가던 행복이가 사회화 교육을 받게 된 것은
산책하면서 만나는 시민, 특히 어린 아이에게 공격성을 보일 때가 있었기 때문입니다.
짧은 줄에 매여 사람들과 친화적 관계를 갖지 못했던 행복이로서는 어쩌면 당연한 일이었을 수 있습니다.
그래서 지난 겨울과 올 여름, 사람과 보다 안전하게 소통하는 법을 배우기 위해 훈련소에서 지내게 되었다고 합니다.

훈련 모습이 포스팅 된 키움애견스쿨 블로그 http://blog.naver.com/dldnddyd11/220459725198

이 과정에서 살이 많이 빠졌고, 많은 분들이 보고 놀라셨는데요,
알러지 케어와 운동 교육을 맡았던 훈련소 소장님은 여름이라 운동 및 식이요법으로 살이 많이 빠졌지만 건강하다고 전했습니다.

행복이가 마침 교육기간을 마치고 왔기에 얼마 전 건강검진이 이루어졌는데, 검사를 진행한 병원에서는 '알러지로 인한 급여 조절, 평소보다 많은 운동
량'으로 인한 체중 감소이고, 급여량을 차차 늘리면 살이 다시 오를 것으로 보인다고 합니다.
대형견은 날씬한 편이 고관절에 무리가 가지 않기에 오히려 너무 찌우지 말라는 말씀을 덧붙이셨습니다.

여러분이 보신 마른 행복이의 사진은 이런 과정에서 찍힌 것입니다.

카라 : 행복이를 걱정해 주시는 분들께 드리는 말씀 – https://www.ekara.org/

이런 해명이 있었음에도 마른 행복이의 사진이 SNS에서 끊임없이 소비되었고
밍밍이가 행복이와 함께 있는 모습을 보면 '쇼'라며 비난해댔지.
해명을 해도 듣지도, 보지도 않아.

밍밍이도 SNS에 글을 올렸어.
억울함이 가득한 글이네.

 이재명
2시간

이제 유기견 행복이 가지고 성남시가 학대한다느니 이런 소리 그만 하시기를..
8.17.까지 3개월 가까이 자원봉사로 행복이 아토피치료 운동 교육 맡아주신 키
움애견스쿨 이용용 소장님의 글과 사진입니다.

정치적 목적을 가지고 이재명의 성남시를 곤경에 빠트려보겠다고.
좋은 환경에서 건강하고 행복하게 잘 있는 행복이를 학대당해 살빠졌다 음해하
는 자들은 동물복지 빙자해서 동물학대하는 자들입니다.

밍밍이sns

소중한 너를 위한 한끼

30. 경기도 결식 아동 급식비
전국 최고 수준으로 인상

나도 밍밍이와 같은 마음으로
아이들에게 먹이고 싶은 식단을 정성스레 그려봤어.

기존에 4,500원이던 급식비를 6,000원으로 33% 인상했대.
(광역지자체 최고 수준)
결식 아동의 경우
면역력 약화 및 심리/정서적 문제 발생 가능성이 높기 때문에
정상적인 발육과 인지발달을 위해
질 좋은 식사 제공이 필요하다 판단했다고 해.

사회가 함께 아이를 키워 준다면
그 사회의 미래는 밝고 건강할 수 밖에 없지.

31. 청소원, 방호원 휴게공간 확보,
관리 제도화

"도지사가 누구라도 경기도에서 근무하는 청소원, 방호원, 안내원이
존중받고 배려받는 여건을 만드는 게 저의 최종 목표입니다.
대한민국에 더 많은 공공기관과 민간 사업장에서
취약한 지위에 있는 노동자들이 쾌적한 휴게공간에서
마음 편히 쉴 수 있도록 함께 해 주셨으면 합니다."

'경기도 공공부문 휴게시설 관리규정 표준안'을 마련했어.
우리에게 꼭 필요한 일을 해 주시는 노동자들에 대해
존중하는 자세를 갖춘 사회가 되었으면 하잖아.

K-!추가 : 2022년 민주당 당대표가 되고
지하에 있던 민주당사의 청소노동자,
관리직원분들의 휴게실을 지상 3층
으로 새롭게 이전하였습니다.

(출처 : 밍밍이sns)

이재명 ✓
8h · 🌐

<쾌적하게 일할 권리, 민주당 부터 보장합니다>

민주당 당사 지하에 있던 청소노동자, 관리 직원 분
들의 휴게실 등 편의시설을 지상 3층으로 새롭게
이전 조치했습니다. 우리의 편안한 일상을 위해 일
하시는 분들의 노동환경이 조금이나마 쾌적해졌기
를 바랍니다.

또한 민주당 소속 지방정부와 지방의회의 휴게시
설, 샤워실 등 편의시설 현황을 파악하고 지상으로
이전을 설치할 것을 권고했습니다. 파악한 현황과
지상 이전 이행 결과는 당 차원에서 공개할 계획입
니다.

이번 휴게시설 이전이나 당원존 설치를 하면서 느
낀 건 우리당 당직자 여러분이 정말 유능하다는 것
입니다. 다소 생소한 주문이었을텐데 취지를 정
확히 이해하고 성심껏 변화된 민주당을 만들어나가
고 계십니다. 이 자리를 빌어 당직자 여러분들의 노
고에 감사의 말씀 드립니다.

유능한 민주당 구성원들과 함께 '큰 변화를 향한 작
은 실천'을 하나씩 만들어가겠습니다.

출처 : 밍밍이sns

32. S전자 이산화탄소 누출 사망사고 민관합동 조사 실시

기억나?
S전자에서 이산화탄소 누출사고로 하청업체 직원이
24세의 나이에 목숨을 잃었고 총 3명의 사상자가 생겼었어.

대기업들의 '위험의 외주화'는 위험한 작업은 물론
책임까지 하청업체에 떠넘기게 되어서 사회적 문제야.
하청업체에서는 산업재해가 나더라도
원청과의 수직적인 관계 때문에
산재 처리를 못 하니까.

당시의 밍밍이 SNS글.

"산업단지에서 사망사고가 발생했지만,
경기도재난안전본부에 신고된 것은 지금 이 시각까지도 전혀 없었다.
소방기본법 19조에 명시된 사고 현장 신고 의무를 위반한 것이다.
(중략)
생명을 지키고 2차 사고를 막기 위해서라도 빠른 신고와
대처는 무엇보다 가장 중요하다.
당장의 사고 은폐를 위한 늑장대처와 안전매뉴얼 미준수는
모두의 안전을 위협하는 것으로 반드시 근절되어야 한다."

P.S 계란에 진심인 이장님의 고백 트윗을 올리면
그림 이해가 쉬울 것 같아. ㅋ

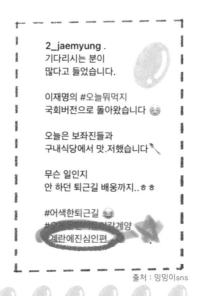

2_jaemyung .
기다리시는 분이
많다고 들었습니다.

이재명의 #오늘뭐먹지
국회버전으로 돌아왔습니다 😊

오늘은 보좌진들과
구내식당에서 맛.저했습니다 ✏️

무슨 일인지
안 하던 퇴근길 배웅까지..ㅎㅎ

#어색한퇴근길 😅
#오늘뭐먹지 이간계양
계란에진심인편

출처 : 밍밍이sns

33. 특별 사법 경찰단 조직 확대

'특별 사법 경찰단'(특사경)이 뭐 하는 거지?

특사경은 식품, 공중 위생, 환경, 원산시 표시위반, 의약품,
청소년 보호에서부터 고리사채, 짝퉁 판매, 다단계,
선불식 할부 거래, 사회복지법인 보조금 횡령,
자동차 운수 사업법에 대해 수사를 하는 곳이야.

일반 경찰과 회계, 금융, 법률 전문가들도 선발된대.
국민의 생활 구석구석
미처 손이 못 미치는 곳까지 돌보기 위한 시스템이야.

경찰은 민주의 지팡이잖아.
권력의 지팡이가 아니고.
경찰분들도 존경받는 공무원이 되기 위해
국민 속으로 들어 가야 할 것 같아.

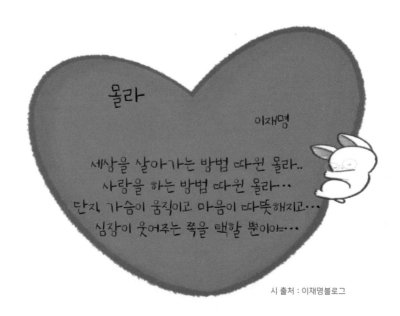

몰라

이재명

세상을 살아가는 방법 따윈 몰라..
사랑을 하는 방법 따윈 몰라...
단지, 가슴이 움직이고 마음이 따뜻해지고...
심장이 웃어주는 쪽을 택할 뿐이야...

시 출처 : 이재명블로그

우리는 민중의 지팡이

2022.01.24.J.H

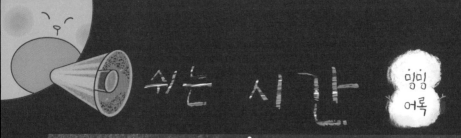

"이재명도 믿지 마십시오. 저는 여러분의 도구이기 때문입니다." ^^

흔적

이 재 명

바닷가를 걸으면……모래 위로 발자국이 남듯…
내맘속으로 들어온 당신의 흔적이 아직 내 가슴 속에 남아 있는데…
당신도 아직‥날 기억하고 있나요?

2022.09.01.J.H

시 출처 : 이재명블로그

34. 후쿠시마 원전 오염수 방류에 관한 수입 수산물 방사능 검사 확대

자~~~내 설명이 필요 없겠어.
당시 밍밍이 SNS로 가보자.

 이재명
20분 · 🌐 ···

<후쿠시마 오염수 방류, 사투는 지금부터 시작입니다>

지난 13일 일본이 '후쿠시마 원전 방사능 오염수 방류'를 발표했습니다. 1380만 경기도민은 물론 대한민국 국민의 생명과 안전을 위협하는 일입니다. 정부의 외교적 해법과 동시에 다양한 방식의 적극적 대응이 필요한 때입니다. 손 놓고 있을 수 없습니다.

먼저 경기도는 일본의 일방적인 방류 결정을 규탄합니다. 태평양 연안 국가는 물론 전 지구적 해양환경에 심각한 위협입니다. 10년 전 후쿠시마의 안타까운 비극은 자연재해로부터 시작되었지만 이번 방류는 스스로 비극을 자초하는 일입니다. 일방적인 방류 결정 이전에, 오염수 처리과정에 대한 투명한 공개와 국제사회의 객관적 검증이 선행되어야 했습니다. 지금이라도 이를 수용할 것을 강력 촉구합니다.

오염수 방류에 따른 대응에는 만전을 기하겠습니다. 경기도는 일본의 발표 이후 긴급대응TF를 구성하고 전례없는 대책을 검토중입니다. 수입수산물의 방사능 검사 규모를 대폭 확대하고 일본산 수산물의 원산지 표시 특별점검도 강화합니다. 요오드와 세슘, 스트론튬, 플루토늄 등 해수 방사성 물질 검사에도 인력과 예산을 대폭 늘릴 예정입니다.

코로나19 대응과 마찬가지로 과한 것이 모자란 것보다 낫습니다. 수산, 유통, 소상공인, 관광 등 다양한 분야에 영향을 미칠 수 있는 사안인 만큼 빈틈없는 적극행정으로 국민의 생명과 안전이라는 행정의 제1임무를 완수하겠습니다.

금주 내로 경기도 31개 시군과 함께 공동대응에 나섭니다. 오늘을 살아가는 우리는 물론, 미래세대의 생명과 안전이 걸려있는 일입니다. 한마음 한뜻으로 주권자의 안전을 지키겠습니다. 국민의 생명과 안전은 양보나 협상의 대상이 될 수 없습니다.

출처 : 밍밍이SNS

수입산 **방사능 검사 확대**

2022.01.23.J.H

경기 심야 뻐쓰~

2022.10

143

35. 경기 심야버스 확대 운영

기존에 운영하던 노선과 버스를 충원해서
심야버스를 확대했어.
심야에 운행하는 경우 버스 측에선 이익이 많이 줄겠지?
그에 따른 운행 결손금은 도에서 지원했고.

심야 귓갓길까지 책임지는 공공 서비스네.

36. 경기도 아이사랑 놀이터 100개소 확대 설치
(성남시장 시절부터 시작함)

난 이 업적만 보고 돌봄 정도겠거니 했거든.
근데 자세히 보니까 그 정도가 아니네?

상담실, 블록놀이실(편백), 자동차놀이실, 조작놀이실,
홀로그램실, 캠핑/낚시놀이실, 트램블린실,
멀티미디어놀이실, 볼풀놀이실까지!
키즈카페보다 훨씬 좋지?
전문적인 육아전문서비스를 위해서 시, 군별로
전문 상담사와 놀이지도사를 배치했대.
이 모든 게 무료 사용이라는 거.

이런 걸 많이 지원해 주려는 사회적 노력이야말로
저출산 문제를 해결하는 단초가 되지 않을까 해.

 이재명 ✔ @Jaemyun... · 12년 08월 18일 ⋮
시청 9층에 만든 **아이사랑 놀이터**에 놀러온
아기시민인데..표정이 넘 귀여워요^^

출처: 밍밍이sns

37. 누리과정 차액 보육료 전액 지원

"국공립 어린이집에 가고 싶어도 경쟁률이 높아 못 들어가는데
보육료까지 더 내라면 얼마나 억울하시겠습니까.
공정한 기회가 보장받는 경기도를 만들기 위해
어린이집 무상교육은 계속해 나갈 것입니다."

어른들이 지켜나가야 할 것은
아이가 얼마나 소중한 존재인지
교육의 가치가 무엇인지잖아.

밍밍이의 정책은 아이들을 위한 것이
많아서 참 좋더라.

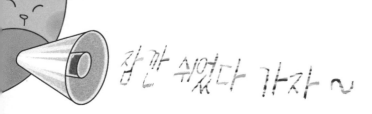

잠깐 쉬었다 가자 ~

밍밍효자손!

글차~ 고기고기~
시원허다~~~

밍밍에게 맡겨만 주세요!

2022.07.12.J.H

줄 서라잖아.

밍밍효자손
체험 할
사람들이잖아

이 줄 머에여?

38. 경기도 먹거리 그냥드림코너 운영

"굶주림으로 빵을 훔칠 수 밖에 없는 '장발장'이
지금 우리 이웃이 되고 있다.
어떤 경우에도 범죄를 정당화할 순 없지만
배가 고파 죄를 저지르는 일은 막아야 한다.
그것이 바로 국가와 사회가 할 일이다."

이름, 주소, 전화번호를 기록하면 5가지를
아무거나 골라 가져갈 수 있대.
기록을 하는 이유는 지원대상자로 포함하기 위해서이고.

어떤 이는 저런 코너를 두면 꼭 필요한 사람이 아니더라도
다 가져간다고 비판적이었지만
사실상 운영해 보니 막 가져가는 경우는 없었다고 해.

사람을 믿고
배고픈 사람들 마음을 잘 아는 도지사였다고 생각해.

고마웠잖아.

39. 소방관 방화복 전용
세탁기, 건조기 지급 확대

일반 세탁기에서는 방화복 손상이 일어나서
방화복 전용 세탁기를 사용해야 한대.
방화복에 손상이 일어나
소방관 아저씨들이 위험해지면 안 되지.

이장님 도지사 때
민간보트를 구조하다 급류에 휩쓸려
순직하신 소방관분들이 계셨대.
그때 이런 약속을 했어.

"슬퍼하는 것만으로 충분하지 않다.
고인의 희생이 헛되지 않도록
도지사가 가진 모든 권한을 사용해
더 나은 소방안전의 기틀을 만들겠다."

진심으로 소방관분들 처우가
개선됐으면 좋겠어.

이장님과 소방관 (취임 후 명절마다 비상근무자에게 피자, 과일, 위문품 지급)

이재명 ✔ @Jaemyung... · 18년 11월 09일
<소방관 여러분 고생 많으십니다 언제나
감사합니다>

이재명 경기도지사 '소방의 날' 맞아 피자 선물

v.daum.net
이재명 경기도지사 '소방의 날' 맞아 피자
선물

♡ 66   ♻ 421   ♡ 788   ⤴

밍밍이SNS(2018년)

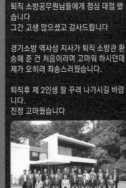

이재명 ✔
@Jaemyung_Lee

퇴직 소방공무원님들에게 점심 대접 했
습니다
그간 고생 많으셨고 감사드립니다

경기소방 역사상 지사가 퇴직 소방관 환
송해 준 건 처음이라며 고마워 하시던데
제가 오히려 죄송스러웠습니다

퇴직후 제 2인생 잘 꾸려 나가시길 바랍
니다.
진정 고마웠습니다

밍밍이SNS (2019년)

이재명 ✔ @Jaemyun... · 21년 09월 22일
동작소방서를 방문하였습니다. 휴일에도
수고해 주시고 계신 소방관님들께
감사드립니다. 소방관님이 하는 일은 누군가의
생명을 구한다는 점에서 신과 같습니다. 신의
역할을 한다는 자부심을 가지셨으면
좋겠습니다. 함께한 박홍근 의원님, 김병기
의원님, 이수진 의원님, 김남국 의원님
고맙습니다.

♡ 37   ♻ 318   ♡ 905   ⤴

밍밍이 SNS (2021년)

40. 경기도 내 어린이집 회계 투명성 강화

어린이집에서는 국가 지원금이 투입되기 때문에
투명한 운영이 필수야.

그래서 관리시스템을 도입해서
지원금이 우리 아이들을 위해서
잘 사용될 수 있도록 했어.

하바바~~~

위대한 영도력의 비결은 투명성과 공정성

2022.08.18.J.H

41. 야생동물 구조관리센터 건립

부상을 당하거나 질병에 걸린 야생동물들을 구조해서
치료, 재활을 통해 복귀시키는 역할을 하는 곳이야.

센터 내에 있는 야생동물 보존학습장과
생태습지는 아이들에게 생태학습장의 역할을 한대.

사람과 동물이 평화롭게 공존하는 세상이었으면 좋겠어.

42. 경기도 고시원 화재 경보기
10만 개 설치

밍밍이 왈.
"최근 노후 고시원 화재소식을 접하고 참담함을 금할 수 없어
노후 고시원 안전시설 지원 등
소방안전대책을 수립하려고 한다.
대한민국 1인당 국민소득이 3만 2천 달러를 돌파했는데도
불구하고 취약한 위치에 있는 노동자들은
타워팰리스보다 비싼 임대료를 내며
화재에 취약한 3평도 안 되는
고시원에서 지내고 있다.
경기도지사로서 불평등한 주거환경 구조에 대해
통렬히 반성하고 대책을 수립하겠다."

이후,
노후 고시원 585개소에 대해 긴급 소방안전점검,
2만 호실에 단독 경보형 감지기 2만 개를 설치!
빠른 행정 좋다!

43. 고속도로 휴게소에 공공병원 설치

경부고속도로(서울 방향) 안성휴게소에 공공병원을 개설했어.
고속도로 이용자, 트럭 운전자, 지역 주민들이 이용할 수 있대.

자주는 아니지만 여행가는 길에 아픈 경우에도
운전을 생업으로 하시는 분들에게도 도움이 많이 될 것 같아.
생각해 보면
아무래도 동네 병원보다는 환자가 많지 않겠지.
그렇다면 지자체의 지원이 필수인 거고.

'보살핌'이라는 단어가 떠올랐어.
나도 '보살핌'을 받는 국민이고 싶다.

44. 휴가를 취소하고 수해현장으로 뛰어든 이장님

경기도 지역에 폭우가 쏟아졌던 2020년.
도지사가 쉬어야 여타 공무원들도 쉴 수 있다는 요청을 수락하여
휴가를 계획했던 이장님은 폭우가 내리자 휴가를 취소하고 복귀!
이장님 SNS를 볼까?

"과잉 대응이라고 비판 들을망정
안일한 대응으로 보는 피해가 없도록
꼼꼼히 챙기겠습니다."

쉬는 시간~

오! 마이 갓! 오골 밍밍~~~

동영상 스토리

왜... 거짓말 했어요?

 이재명
2006. 7. 8. 11:26

+ 이웃추가

사랑한다면서요.

좋아한다면서요.

안 버린다면서요.

안 울게 한다면서요.

그런데 왜 눈물나게 했어요.

왜... 거짓말 했어요?

출처 : 이재명 블로그

오골오골오골~~~

나 불렀쪄?

오골계

모래

시멘트

자갈

물

"모래가 물, 자갈, 시멘트와 잘 섞이면 콘크리트가 됩니다."

45. 경기도, 건축물 미술작품 공모제 시행. 검수단 운영

건물들 앞에 설치작품이 있지?
그게 의무화 되어 있고,
작품 설치에 비용이 많이 들어간대.

그래서 화랑의 영업비리가 되기도 하고
끈이 닿아있는 예술가가 독식하게 되기도 하고,
문제가 좀 많겠잖아.
그래서 공정 심사제를 도입했어.

"건축물 미술작품에 대한 부조리는 예술인의 기회를 빼앗아
돈을 버는 몹시 나쁜 적폐 중 하나입니다.
공정한 심사제도를 도입해 예술인 1명이라도 기회를 얻을 수 있도록
경기도가 앞장서겠습니다."

46. 배달 목적 승강기 이용료 부과 개선

이건 부끄러운 일이라고 생각해.
어떻게 택배기사님들에게 승강기 이용료를 부과할 수 있을까.
자본주의 사회에서 돈을 중시하는 건 어쩔 수 없다고 하지만
이건 아니지.
이런 것까지 지자체에서 나서서 시정해줘야 한다니...
우리들이 주문한 물건을 배달해 주시는 건데 말이야.

우리 이러지는 말자.

47. 수학여행에
퇴직 소방, 경찰 동행 방안계획

세월호 이후
수학여행이나 체험 활동 시에 안전요원이 동행하도록 되었대.
근데, 안전요원 섭외가 간단치 않은가 봐.
그래서 강구한 방안이 퇴직한 소방관, 경찰을 재교육해서
인솔자로 활동하게 하는 거였어.
이분들이 안전 전문가들이니까.

소방관, 경찰분들이 퇴직 후에도 보람된 사회활동을 할 수 있고,
학생과 학부모의 만족도도 아주 높다는 거야.
아이디어가 반짝이는 정책이라고 생각해.

밍밍고등학교 수학여행에서

48. 학교 실내 체육관 건립 사업

지금으로써는 학교 내 실내 체육관이 없다는 건 좀 생소하지?
실내 체육관이 없을 때,
아이들은 한여름, 한겨울 어디에서 뛰어 놀았을까.

이 사업을 추진할 당시 경기도 내 전체 2,421개의
초, 중, 고등학교 중 704개교에(29%)
실내 체육관이 없었대.

아이들 웃음이 끊이지 않았으면 좋겠어.
아이들이 막막 뛰어 놀고 배 아프게 웃었으면 좋겠어.
실내 체육관이 비는 일 없이 아이들이 항상 뛰놀기를 바라.
아이들의 빠른 발과 재잘대는 소리를
좁은 책상에 묶어 놓지 않기를 바라.

49. 대학 졸업 후 10년까지 학자금 대출이자 지원 확대

엄청난 학자금 대출에 대한 부담.
졸업 후 빚더미에 올라앉는 청년들 너무 안쓰러워.

그 부담을 사회가 덜어 주기 위해 대출이자 지원을 해줬어.
최장 10년까지.

청년들의 꿈과 미래를 옭아매고 있는
족쇄를 끊어주려는 노력에 박수를 보내.

50. 군 급식 친환경 지역 농산물 공급 시스템 구축

군 장병들에게 친환경 급식 제공은 물론
접경지역 농가소득 안정화라는 두 가지 토끼를
잡을 수 있는 정책이야.
군 장병들도 좋은 식재료의 음식을 섭취해서 좋고,
농가 소득이 유지되어서 좋고.

이런 일거양득 정책이 참 좋아.

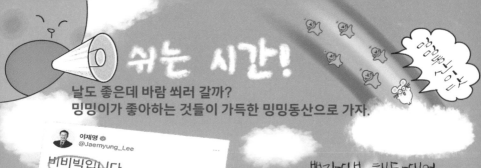

쉬는 시간!

날도 좋은데 바람 쐬러 갈까?
밍밍이가 좋아하는 것들이 가득한 밍밍동산으로 가자.

뽀지띠브 해두때여

비비빅길

집요물복

배추전

계란에 진심인 편

잼칠라 그리기

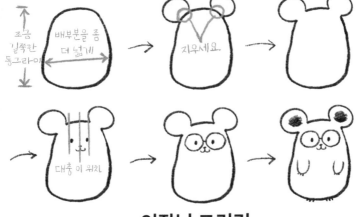

조금 길쭉한 동그라이

배부분을 좀 더 넓게

지우세요.

대충 이 위치

이장님 그리기

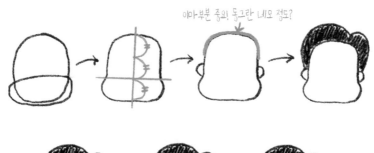

아마부분 중위 동그란 네모 정도?

취향은 껏!

51. 지역화폐 활성화

밍밍이하면 지역화폐!
성남시장 때부터 청년배당을 지역화폐로 활용했어.
(청년기본소득=청년배당: 만 24세 이하 청년에게 연 100만 원의 기본소득 지원)
그 뒤로 경기도지사 때는
지역화폐를 더 확대해서 공공 산후조리비까지 지원했지.
지역화폐가 지역경제 활성화에 큰 도움이 된다는 것은
누구나 인정할 수 밖에 없는 사실이야.
국민들에게는 복지혜택을 주고 지역 상권은 살리고.....

이 좋은 정책을 반대하는 분들의 이유는 뭘까.

52. 닥터, 소방헬기 사고예방장치 설치

"소방헬기 사고 예방장치 설치사업은 많은 예산과 시간이
소요된다.
그럼에도 불구하고 헬기사고는 큰 인명피해로
이어질 수 있기 때문에
경기도는 이 사업이 꼭 필요하다고 결론 내렸다.
경기도는 필수 '안전예산'을 '비용'이 아니라 '투자'로 보고
정책을 결정하고 집행한다.
'안전'에 대한 '투자'가 계속 유지 될 수 있도록
많은 관심 부탁한다."

53. 경기도 시내버스 시설 개선 사업

찾았어? 다른 곳이 6군데야.

1. 자동세차기
2. 공기청정필터
3. 승객용USB충전 포트
4. 빈좌석 정보 표시 장치
5. 버스 전면 행선지 LED 표시 장치
6. 밍밍이^^

사실, 그림으로 표현 못한 게 2개 더 있어.
공회전 제한 장치, 버스 전원공급 안전장치.

버스는 서민이 많이 타잖아.
서민 삶의 질을 높이기 위한 노력이라고 생각해.

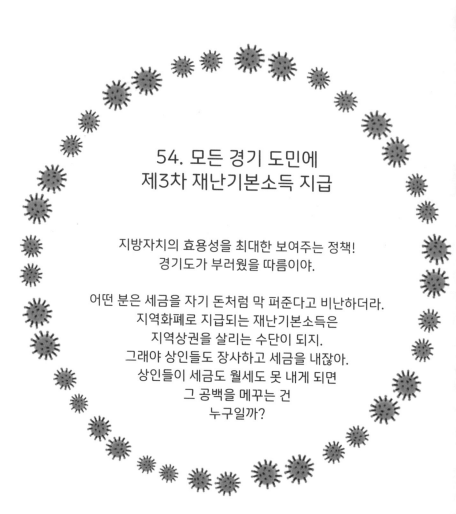

54. 모든 경기 도민에
제3차 재난기본소득 지급

지방자치의 효용성을 최대한 보여주는 정책!
경기도가 부러웠을 따름이야.

어떤 분은 세금을 자기 돈처럼 막 퍼준다고 비난하더라.
지역화폐로 지급되는 재난기본소득은
지역상권을 살리는 수단이 되지.
그래야 상인들도 장사하고 세금을 내잖아.
상인들이 세금도 월세도 못 내게 되면
그 공백을 메꾸는 건
누구일까?

55. 민주주의를 위한 '도민 청원 게시판' 운영

경기도지사 선거 때 내세웠던 직접 민주주의 강화라는
공약을 지키기 위해서
청와대 청원처럼 '도민 청원 게시판'을 만들었어.

처음에는 마구 쏟아졌던 민원들이
하나하나 처리되어가자
점점 민원 수가 줄어들었다지.
도민들의 만족도가 꽤 높았다고 해.

56. 도지사 포함 전 직원 온라인 소통창구 마련

총 12,822명의 전 직원.
익명 가능.
도지사는 조회수나 추천, 반대 수가 높은 글에
답글이나 댓글을 달고
수시로 즉석만남 가능.
게시판 정착을 위해 게시판 명칭 공모전을 개최.

좀 재밌어 보이는 걸~ ㅋ

풀고 가자 형수욕설

신하게

한 사람의 아픈 가족사를 조롱하면 안되잖아!

나 부부싸움 할때 말이야.
아니면 애들 혼낼 때.
소리 엄청 지르거든. ^^.
그 소리가 스피커로 전국에 송출된다면?
우리집의 아픈 가정사가 전국민 입에 오르내린다면?
게다가 그 일로 나를 놀리고 망신 준다면?
난 어떤 기분일까.
난 작가로써 자격이 없어지는 걸까.

밍밍이는 공인이니까 감수해야 한다고?
우리나라 어느 공인이 이런 일을 겪는다고...
정치로 나의 삶이 바뀌는 것에는 관심없고,
정치인의 사생활, 내 삶에는 상관도 없는 일들로
평가하고, 투표하고...
게다가 사실을 알아보지도 않고
평가하고, 투표하고...

밍밍에게 너무 아픈 이야기를 또 한다는게 너무 죄송스러워.
그럼에도 불구하고, 우리 찬찬히 생각해 보자.
성남시장이라는 자신의 공적 책임을 위해 밍밍이가 포기한 것들을 말이야.

← 이재명블로그의 글.

-이재선씨 정신병원 강제입원...진실은? (이재명입장)

-형님이 법원으로 부터 받은 약식명령, 범죄사실 서류가
실려 있음.

형님.

2012.07 - 어머니에게 접근 금지 명령 받음.
2013 - 우울증 진단. 자살 시도. 고의 교통사고로 중상.
2014 - 배우자와 딸이 부곡정신병원에 강제 입원.
2017 - 폐암으로 사망.
<참조> https://m.blog.naver.com/jaemyunglee/221274874142
https://m.blog.naver.com/jaemyunglee/221413857589

저에게
어머니는
하늘입니다.

저를 낳아주셨고
저를 길러주셨고
저를 언제나 믿어줬고
저의 어떤 결정이라도 다 지지해주신 분입니다.

형님은 어머니의 어디를 어떻게 한다,
이런 참혹한 얘기를 했습니다.
제가 화가 나서 전화했습니다.
왜 그런 말을 했냐라고요.

여러분께서
제가 형님말을 되받아 폭언한 것을 비난하시더라도
제가 최소한 우리형제들이 시정에 개입하지 못하도록
노력했던 점을 조금만, 조금만 살펴 주십시오.

2022.01.24.이재명후보 상대원시장 연설중에서

이 일은 2014년에 해명이 끝난 일이었음에도 불구하고
민주당 대선 경선 때 같은 당 경쟁후보가 이 문제를 또다시 꺼내 들었지.
비열한 행동이라 생각해.
이기기 위해 동지의 아픈 부분을, 게다가 해명이 모두 끝난 부분을 꺼내들어
송곳으로 찌르는 것을 보고 경악을 금치 못했어.
확실한 해명을 위해 2014년 당시 밍밍이 형제분이
쓰신 호소문을 옮겨 놓아.

호소문

안녕하십니까. 저희는 이재명 성남시장 후보의 가족들입니다.
저는 5남 2녀인 7남매 중 둘째인 이재영입니다.
너무 마음 아프고 불편한 일이라 글을 어떻게 써야할지 잘 모르겠습니다.
그래서 저희 가족들의 이야기를 제가 대신해서 쓰면서 저희들의 간절한
마음을 모아 호소 드리려고 합니다.

저희들 또래의 어린 시절. 누구나 그랬겠지만 참 가난하고 힘들었습니다.
어머니 혼자 7남매나 되는 대식구를 산전을 일구고 막걸리 장사까지 해가며
키워 주셨고 아버지는 일찍 여의었습니다. 어려운 가정형편으로 우리형제들은
예외없이 진학하지 못하고 공장에서 일하며 어린 시절을 보냈습니다.
시장후보인 넷째 이재명시장도 마찬가지였습니다. 또래 아이들보다 체격이
작아 언제나 집안에 걱정거리였는데, 별 도리가 없었습니다.

넷째는 공장에 다니면서도 공부욕심이 많아 공장일이 끝난 후 독서실에서
밤새워 공부하고, 아홉식구가 쪽잠을 자는 단칸방 구석에서 혼자 5촉짜리
백열등을 켜고 공부를 하더니 제힘으로 장학금을 받으며 대학을 갔습니다.
아는 분들은 다 아시겠지만 그때 프레스 사고로 산업재해를 당해
지금도 왼쪽팔이 휘어 있습니다.
가족들은 넷째를 볼때 언제나 얼굴보다 그 왼팔이 먼저 눈에 들어옵니다.

넷째가 장학생으로 대학에 합격했을때는 모처럼 가족들이 둘러 앉아 또 얼마나
웃고 떠들었던지 지금도 눈에 선합니다. 그냥 장학생이 아니고 생활비까지
지원받는 장학생이었습니다. 넷째가 장학금으로 셋째 재선이를 공부시켜
셋째도 대학생을 거쳐 결국 회계사가 되었습니다. 그랬던 가족들이었습니다.

우리 형제들은 지금도 별로 욕심이 없습니다. 청소부와 간병인 일을 하고,
공장을 다니고, 건설공사장 막일을 하고 있지만 만족하며 넷째동생이 시장일을
깨끗하게 할 수 있도록 어떤 욕심도 부리지 않고 열심히 살고 있습니다.

그런데 결혼을 하면서부터 갑자기 셋째가 사람이 바뀌었습니다. 주기적으로
이상한 행동을 하였고, 심지어 자신을 예수나 부처보다 위대하다며 아무에게나
욕을 하고 폭력을 행사하는 등 조울증과 정신질환증세를 보여
정신과 약물치료도 받았습니다.

넷째가 시장이 된 후 셋째가 이런저런 청탁을 하였는데 동생시장이 단호하게 거절하고 아예 전화를 받지 않자, 셋째는 돈을 안 준다는 이유로 차마 입에 못담을 폭언을 하고 십년 가까이 인연을 끊었던 어머니를 2012년에 갑자기 찾아가 '동생에게 전화연결 하라'며 집과 교회에 불을 질러 죽인다고 협박을 해 하는 수 없이 전화연결을 해 주었다가 형제간에 심하게 싸운 일이 있습니다. 셋째는 국정원 직원을 만나고 또 국정원에 갔다 왔다며 넷째가 간첩이라 곧 국정원에 구속될 거 라는등 이상한 말을 하며 종북간첩시장 퇴진을 주장하기도 했습니다.

그러다 셋째부부는 결국 어머니께 자식으로서 결코 해서는 안 될 패륜을 저질렀습니다. 차마 입에 담기 어려운 험한 말로 살해협박을 하고 그 처는 이에 동조하여 '살해협박'을 한 셋째의 폭언을 '철학적 표현'이라고 두둔하며 어머니와 가족들을 능멸했습니다.

겁이 난 어머니께서 법원에 신청하여 100미터 접근금지명령을 받았고 경찰에도 신변보호를 요청했습니다. 어느 주일날 셋째는 어머니가 계신 교회에 불을 지른다고 위협하여 경찰보호를 받으며 집으로 들어왔는데, 경찰이 잠시 집을 비운 사이 셋째부부가 어머니 집에 쳐들어 가 살림을 부수고 어머니를 폭행해 다치게 하는 패륜을 저질렀습니다. 어머니는 가족 문제지만 너무나 두려워 경찰에 신고하였습니다. 그러나 나중에 셋째가 구속된다고 하여 선처를 호소해 벌금 500만 원으로 무마되었습니다.

7남매 키우시느라 당신의 청춘 다 보내시고 안해 본 일 없으신 어머니입니다. 그 고생 때문에 이제 다리가 불편해 제대로 걷지도 못 하는 가여운 어머니입니다. 셋째부부의 패륜적 협박과 폭행 때문에 가족들간 심한 말다툼이 벌어졌습니다. 어릴 때부터 유독 어머니가 안쓰러워하고 귀여워했던 넷째이고 또 어머니를 끔찍이 여기는 넷째였습니다. 잘못된 일이라 생각이 들면 참지 않는 성정의 넷째도 시장이라는 체면을 잊은 채 가만히 있을 수 없었을 겁니다.

셋째부부의 패륜행위 때문에 셋째 부부와 형제들 간 심한 말다툼이 여러차례 있었고 셋째부부가 말다툼을 녹음해 일부만 편집 왜곡해서 새누리당측 인사들과 함께 공개해서 넷째를 몹쓸 사람으로 만들고 있습니다. 집안일이라 해명할 수도 변명할 수도 없는 넷째, 아무리 시장이라지만 얼마나 억울하고 가슴 아프겠습니까?

결혼 후 이상하게 변한 셋째 때문에 어머니와 형제자매들이 의사소견서를 받아 연명으로 성남시 보건소에 진단을 신청한 일이 있습니다. 강제입원이 아니라 진단을 해서 정신과치료가 필요하다는 것을 셋째며느리에게 알려 치료를 받게 하려고 했습니다. 치료하지 않으면 상태가 점점 나빠져 나중에는 자살 등 심각한 상태가 올 수 있다는 정신과전문의의 의견 때문이었습니다.

그런데 셋째는 진단을 받지않으려고 '시장인 넷째가 강제입원시켜 나를 죽이려 한다'고 난리를 쳐 시장인 동생의 입장이 난처해지자 넷째가 고민 끝에 못하게 해서 진단을 하지 못했습니다. 이것이 밝히기 힘들었던 저희 아픈 가족사의 전부입니다.

변호사로도 잘 나가던 넷째가 성남시장선거에 나선다고 했을 때 마음속으로 많이 걱정했습니다. 정치라는 것이 얼마나 잔인하고 무서운지 귀동냥으로나마 들어왔기 때문입니다. 그러나 힘들게 당선이 되었고, 그 후 여러 어려움이 있었지만 꿋꿋하게 일해 나가는 모습을 보며 동생이지만 존경스럽기도 했습니다. 어쩌다 한번씩 어머니 모시고 형제간에 밥이라도 먹을라치면 몇 숟갈 뜨다 말고 전화받으며 나가는 동생이 안쓰럽기도 했습니다. 그렇게 열심히 일한 동생인데, 가족이나 주변을 챙기지 않고 너무 일만 해서 오히려 섭섭하기까지 한 동생인데 어떻게 재명이에게 이런 일이 생기는지 답답할 뿐입니다.

국정원에 출입하며 동생을 간첩으로 몰고, 새누리당 공천받아 시의회 의장이 되겠다며 새누리당 의원들과 어울려 종북시장 퇴진운동에 패륜행위까지 하는 셋째 부부도 문제지만 마음의 병을 악용하여 가족불화를 만들고 정치적으로 악용하는 그들의 철면피함이 두렵기까지 합니다.

정치가 무엇이라고 이렇게 한 가족을 갈기갈기 찢어놓습니까? 가만히 놔둬도 그 기억 때문에 팔순 노모는 가끔씩 먼 하늘 보며 눈물 흘리십니다. 주무시다 갑자기 놀라서 벌떡 일어나기도 합니다. 그만큼 우리 가족에게는 힘들고 가슴 아픈 일입니다. 그동안 조용히 있으려고 했습니다. 가족 간의 불화가 사람들 입에 오르내리는 것 자체가 두려워 죄인처럼 숨죽이고 있었습니다. 앞에 나서서 재명이가 처한 어려움에 도움이 되고 싶기도 했지만, 그것도 오해를 받을까봐 참고 참았습니다. 그러나 오늘 남편과 함께 시어머니에게 있을 수 없는 패륜행위를 저지른 셋째의 처까지 불러내 또다시 그 일을 들먹이고 있습니다.

정말 너무하는 거 아닌가요? 부모에게 패륜한 가족과 다툰 넷째를 패륜으로 몰기 전에 패륜한 셋째부부와 이를 조장하고 악용한 정치세력과 국가가 더 나쁜 패륜 아닌가요?

간절히 부탁드립니다. 제발 저희 가족 일을 더 이상 정치적 목적으로 악용하지 말아주십시오. 권력이 아무리 좋아도 이렇게까지 잔인하게 해야겠습니까? 팔순 노모의 마음을 생각해보십시오. 열 손가락 깨물어 안 아픈 손가락 없다고 했습니다. 지금 어머니는 그 손가락이 다 문드러지는 아픔을 겪고 있고 우리 형제자매들도 마찬가지입니다. 제발 더 이상 저희 가족문제를 정치에 악용하지 말아주시기를 간절히 바랍니다.

2014년 6월 2일
이재명 성남시장의 어머니 구호명
장자 이재국 장녀 이재순 차남 이재영 차녀 이재옥 5남 이재문

참조
http://www.goodtimes.or.kr/news/articleView.html?idxno=6126

출처 : 재명이네 마을

<제 동생은 한글도 쓰고 인터넷도 합니다>

지난 월요일, 증언하는 막내동생에게 검사가 타자를 쳐보라며 느닷없이 노트북을 들이밀었습니다. 직접 쓴 글인지 의심된다며..

가난했지만 성실했던 막내는 주경야독으로 중고등학교 검정고시를 합격 했습니다. 환경미화원으로 힘들게 일하지만 지금도 열심히 책 읽고 공부 합니다. SNS도 열심히 하고 인터넷 동호회 카페도 몇 개 운영합니다. 콧줄에 의지하시는 어머니를 모시는 착한 동생입니다.

정신질환으로 망가지고 정치로 깨져버린 가족 이야기, 숨기고픈 내밀한 가족사를 형이 재판받는 법정에서 공개증언하는 마음이 어땠을까..

고양이 앞 쥐처럼 검사에게 추궁당할 때, 제 억울함을 증명한다며 법정에 부른 걸 후회했습니다

검사가 노트북을 들이밀 때 반사적으로 동생얼굴로 눈이 갔습니다. 순간적으로 보인 눈빛과 표정에 가슴이 덜컥했습니다. 숨도 쉬기 불편해졌습니다. 남들은 못 보아도 50여년 함께 부대끼며 살아온 우리는 뒷모습만 보고도 마음을 압니다.

대학만 나왔어도..환경미화원이 아니었어도 그랬을까..

재판장의 제지가 있기까지, 타자 칠 준비로 노트북 자판위에 가지런히 모은 거친 두 손을 보며 눈앞이 흐려졌습니다.

검찰조사를 받는 제 형님에게 검찰은 심지어 '어머니가 까막눈 아니냐'고도 했습니다. 어머니가 아들 정신감정 신청서를 쓸 수 있었겠느냐는 뜻이겠지요.

화전민 아내가 되고 공중화장실을 청소하셨지만, 어머니는 일제강점기에 소학교를 졸업하고 혼자서도 억척같이 7남매를 키워내신 분입니다.

가난과 궁상, 험한 삶의 상흔, 정신질환으로 인한 가족의 고통과 파괴는 누구에게나 있는 일입니다. 품격 있고 부유한 집안에도 눈쌀 찌푸릴 갈등과 추함은 있습니다.

제 선택이니 저는 감내하겠지만, 가족 형제들이 고통받고 모멸받을 이유가 없습니다. 시궁창 속에서 허덕이며 살아나온 우리 가족들의 치열한 삶의 흔적을 더럽다고 조롱하지 말았으면 좋겠습니다.
출신의 비천함과 가난한 과거, 아픔과 상처는 저나 가족들의 탓은 아니기 때문입니다.

재판장 지시를 기다리며, 자판 위에 두 손을 올린 채 무심한 척 허공을 바라보던 막내의 속은 어땠을까..

막내가 진심 어린 사과말이라도 한마디 들었으면 좋겠습니다.

당시 SNS 글

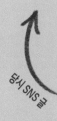

게시물

이재명
어제 오후 9:32 · ⊙

<제 동생은 한글도 쓰고 인터넷도 합니다>
지난 월요일, 증언하는 막내동생에게 검사가 타자를 쳐보라며 느닷없이 노트북을 들이밀었습니다. 직접 쓴 글인지 의심된다며..

가난했지만 성실했던 막내는 주경야독으로 중고등학교 검정고시를 합격했습니다. 환경미화원으로 힘들게 일하지만 지금도 열심히 책 읽고 공부합니다. SNS도 열심히 하고 인터넷 동호회 카페도 몇개 운영합니다. 콧줄에 의지하시는 어머니를 모시는 착한 동생입니다.

정신질환으로 망가지고 정치로 깨져버린 가족 이야기, 숨기고픈 내밀한 가족사를 형이 재판받는 법정에서 공개증언하는 마음이 어땠을까..

고양이 앞 쥐처럼 검사에게 추궁당할 때, 제 억울함을 증명한다며 법정에 부른 걸 후회했습니다

검사가 노트북을 들이밀 때 반사적으로 동생얼굴로 눈이 갔습니다. 순간적으로 보인 눈빛과 표정에 가슴이 덜컥했습니다. 숨도 쉬기 불편해졌습니다. 남들은 못 보아도 50여년 함께 부대끼며 살아온 우리는 뒷모습만 보고도 마음을 압니다.

대학만 나왔어도..환경미화원이 아니었어도 그랬을까..

대한민국의 천박한 엘리트주의가 자행하는 폭력!

이제 우리가 지켜 드릴게요.

2 0 0 2 . 0 9 . 2 6 . J . H

57. 경기도 생존 항일 애국지사에게
매달 100만 원 연금

국가보훈처에서 지급되는 보훈급여금과는 별도로
지급되는 연금이야.
연금 지급 전에
'경기도 국가보훈대상자 예우 및 지원에 관한 조례'를
개정하면서 법적인 토대를 마련했대.

'역사를 잊은 민족에게 내일은 없다.'라는 말 꼭 기억하자.

58. 아파트 후분양제 적용

집은 우리가 살 수 있는 가장 비싼 물건이야.

모델하우스는 그냥 모형일 뿐인 건데,
그 비싼 물건을 심지어 빚까지 지면서 사는데도
실물을 보지 않고 산다는 건 넘 이상해.

"후분양제로 바꾸면 소비자는 완공된 주택을 보고
구매를 결정하기 때문에 선택권이 강화되고
시공품질에 대한 사후 분쟁의 여지가 줄어든다."

이 정책에 대해서는 여러 가지 논의가 계속되어야 할 거야.
그럼에도 불구하고 업적으로 정리한 이유는
정책 철학이 맘에 들었거든.
이재명 다운 정책이라고 생각이 들었어.

186

59. 경기도 청소년 교통비 지원

경기도에 거주하는 만13~23세 청소년들에게
연간 12만 원씩 지급.
경제활동을 하기 힘든 학생들을 위한 정책이야.
나도 돈 없어서 걸어 다닌 적 많아.
밍밍이도 그런 경험이 많았겠지.
밍밍이 정책은 본인의 삶에서 나온다고 했으니까.

혜택받는 젊은이들에게도 좋고
양육자들에게도 부담을 덜어 줄 수 있으니 좋고
어차피 사람 태워야 하는 버스 기사님 돈 벌어서 좋네.

60. 가짜 앰뷸런스 운행 단속

운전하는 분들은 잘 알지.
119 앰뷸런스 아닌 앰뷸런스가 삐용거리면서 길 비키라고 할 때 많잖아.
환자 없이 다니는, 속 다르고 겉 다른, 수박 같은 앰뷸런스.
이것도 편법, 특혜인 거야.
삐용삐용만 틀면 빠르게 갈 수 있으니까.

사람들이 이 편법을 알게 되면서 진짜 앰뷸런스가 지나갈 때도
길 양보를 안 하게 됐어.
그렇게 되면 피해 보는 건 응급환자잖아.
그 응급환자는 내가 될 수도 있고
내 가족이 될 수도 있는 건데
편법 특혜로 신뢰를 잃게 되면 생명도 잃게 되는 거지.

어쨌거나, 앰뷸런스 탈 일 없도록 건강관리 잘하자.

베를린시가 최근 한, 독 양국 시민들의 노력으로 설치된 '평화의 소녀'상에 대한 철거 방침을 밝힌데 대해 우려를 표한다.

만일 평화의 소녀상이 철거된다면 전쟁범죄와 성폭력의 야만적 역사를 남겨 항구적인 평화를 정착시키고자 염원하는 한국인과 전세계의 양심적 시민들에게 실망을 안겨 주게될 것이다.

평화의 소녀상은 이미 수개월전 베를린시 도시공간문화위원회의 심사를 거쳐 공공부지에 설립됐다.

이 같은 당국의 허가가 일본의 노골적인 외교압력이 있은 뒤 번복되는 것은 한국인들에게 커다란 상처를 맺어 온 독일과 오랜 친선우호 관계를 맺어 온 과거사를 진정으로 사죄하고 그 책임을 철저히 지속적으로 이행하는 독일 정부와 국민에 대한 존경심을 갖고 있다.

회복하지 못한 피해자들의 인권과 소녀상의 역사적 무게를 숙고하여 독일 당국의 철거 입장을 공식적으로 철회해 줄것을 요청한다.

61. 베를린 시장에게
'소녀상 철거'철회 요청 서한

독일 베를린에서 말이야.
일본군 성노예 피해자를 기리는 소녀상의 설치를
2020년 7월에 허가했어.

그런데 일본 측의 반발이 거세지니까 베를린시는
소녀상 설치를 주관한 현지 한국시민단체인 '코리아협의회'에 소녀상을
철거하라는 공문을 보냈지.
'코리아협의회'가 소녀상 철거 명령에 대한 '효력정지 가처분신청'을
법원에 내면서 철거가 일단 보류된 상태였어.

이 사실을 알고 밍밍이가 베를린시장에게 서한을 보냈대.
밍밍이 보낸 서한이 얼만큼의 영향을 미쳤는지는 잘 모르겠지만
난 이런 노력이 좋아.

밍밍이의 권한과 힘이 대한민국 공동체를 향해 있다는 점이 좋아.

62. 밍밍이의 경기도 성과 정리

1. 주민 생활만족도 전국 1위(66.2%)

2. 직무수행 지지율 1위(62.5%)

3. 경기도민 정책만족도 78%

4. 전국 광역단체장 평가 전국 1위

5. 경기지역화폐 가맹점 긍정 80%

6. 한국매니페스토 실천본부
   공약이행 평가 2년 연속
   최우수 SA등급.
   (2021년 공약이행 완료도 81.37%)

7. 행정심판 전국 최우수기관 선정

8. 화재부문 정부평가 3년 연속 1등급

9. 권익위 반부패 2년 연속 전국 최우수

10. 민원서비스 2년 연속 종합평가 최우수

11. 지역안전지수 6년 연속 최우수

12. 공약이행률 96.1%

참조: https://www.upinews.kr/
   newsView/upi202105110065

깃털이 있어도
깃털이 없어도
당신은 영원한
우리의 밍밍 ♥

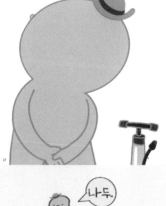

192

63. 경기도, 제조업분야 역대 최대 규모의 외국인 투자 유치

세계적인 산업용 가스업체 '린데'가 약 1조 7천억 원을 경기도에
투자해서 수소충전소와 산업용 가스시설을 신, 증설하게 됐다지.

"지금 전 세계적으로 저성장이 문제가 있고 특히 일자리 문제가
중요한 현안이 되고 있는데, 역시 시장경제의 주축은
기업이고 성장은 기업들이 담당하는 것이다.
경기도는 언제든지 투자를 환영하고 기업들이 안정적으로
정착할 수 있도록 행정적 지원들을 아끼지 않겠다."

1조 7천억원

일자리꽃

64. 경기도 그린 커튼 조성사업

그린 커튼 본 적 있어?
건축물 외벽에 덩굴식물을 덮어서 여름철 에너지 효율을
높이는 공법 말이야.

그린 커튼이 4도 정도 낮추는 효과가 있다고 해.
그린 커튼은 좁은 공간을 이용해서 에너지를 절약할 수 있고
미세먼지 저감, 도심 열섬현상 완화, 경관 개선 등의
다양한 효과가 있어.
그린 커튼은 '경기도형 정책마켓'에서 대상을 수상한
수원시 정책을 도 전역으로 확대한 거래.

그린 커튼...

2022.10.04.J.H

경기도 유아 책꾸러미

1. 대상 : 동북부시. 군민
   만 3세 유아

2. 내용 : 월 5권 책꾸러미.
   월 1회 독서 육아 코칭.

밍밍이sns

65. 경기 동, 북부 6개 시군 찾아가는 '유아 책꾸러미'사업 시작

경기 동북부는 도서관 사용이 쉽지 않다고 해.
게다가 유아를 양육하는 경우, 아이를 데리고 도서관으로 이동하기는 어렵잖아.
아기를 키워 본 부모님들은 이해되지?
아기가 한 번 움직이려면 짐이 얼마나 많아.
그러니 도서관에 간다는 건 더 어려운 일이겠지.
그리고
'유아 책꾸러미'사업은 얼어붙은 출판업계를 녹이는 따뜻한 봄 햇살 같은 사업이기도 하지.^^

이재명의 페이지
<경기동북부 유아가정은 '책꾸러미' 꼭 구독해주세요>

사람이 태어나 세상에 가장 빠르게 닿는 방법 중 하나가 바로 책이지요. 첨단 디지털 환경에서 다양한 미디어 콘텐츠가 쏟아져 나오고 있지만 책으로 얻는 지혜와 정보는 따라갈 수 없습니다.

유아기 때부터 좋은 독서습관을 기르는 것은 그만큼 중요한 일입니다. 그러나 경기 동북부는 다른 지역에 비해 도서관 이용에 불편이 따르고 도서 관련 서비스도 상대적으로 열악한 형편입니다.

경기도는 독서복지 격차를 해소하기 위해 포천과 양평 등 동북부 6개 시군의 유아 가정을 대상으로 '유아 책꾸러미' 사업을 시작합니다. 유아용 책 배달과 함께 도서 전문 지도사가 방문해 아이와 양육자의 취향을 파악하고 관심주제에 맞는 책을 안내해 줄 것입니다.

정기적으로 책을 접할 수 있는 경기도의 '책 구독' 서비스인 셈입니다.

코로나19로 도서관 방문이 더욱 위축된 상황에서 양육자와 아이들에게 독서와 소통의 기회를 제공할 뿐만 아니라, 독서 지도사 양성을 통해 지역 일자리 창출 효과도 거둘 수 있는 일석이조의 사업이지요.

해당 지역의 만3세 유아가 있는 가정이라면 경기도 홈페이지 (www.gg.go.kr)를 통해 신청해주세요. 성큼 다가온 봄날, 우리 아이들이 책과 함께 만끽하기를 바랍니다.

휴대폰 업로드 · 2021. 3. 8. ·

전체 크기 보기 · 옵션 더 보기

한 달에 한번 독서지도사가 가정에 방문해서
신청자가 신청한 책꾸러미를 나눠주고
30분 가량 독서지도를 해준대.
그러면 아이들은 재밌는 책을 쉽게 접할 수 있지~
부모들은 도서구입비에 대한 걱정도 덜 수 있지~
독서지도사가 확대되어 일자리도 창출되지~
일석삼조잖아.^^

2022.10.03.J.H

66. 다회용 배달, 포장 음식용기
사용 확대를 위한 업무 협약식

코로나로 배달음식 이용이 많아졌어.
그러면서 늘어나는 건 일회용품.

경기도 배달특급과 계약 맺고 있는 업체들에게
다회용기 사용을 권고하고 다회용기 세척업체와 협약을 맺었어.
그러면 일회용품 사용을 줄일 수 있고
소비자도 일회용품 사용에 대한 죄책감을 줄일 수 있고
다회용기 세척사업을 육성시킬 수 있는 환경이 마련되는 거잖아.

나도 일회용품 안 쓰려고 노력 중이야.
프라이팬은 스테인리스로 바꾸고
랩과 일회용 장갑은 구입하지 않아.
처음엔 불편했지만 익숙해지니까 없어도 되는 물건들이었어.
아주 작은 실천이지만 이런 것부터라도 시작해야 할 것 같아.

67. 일산대교 통행료 무료화

경기도지사로서 마지막으로 집행한 정책.
일산대교는 한강에 있는 대교들 중에 유일한 유료도로야.
이장님이 14년 동안 논란의 종지부를 찍으려 했지.

하지만
무료화가 되고 28일 만에 다시 유료화로 바뀌었어.
일산대교 측에서 법원에 가처분 신청한 것이 인용되었거든.
노려보는 이들은 이재명의 쑈였다고, 졸속이었다고 말해.
그렇게 볼 수도 있다는 점 인정해.

그럼에도 불구하고 업적으로 정리한 이유는
통행료 무료화의 노력은 도민을 위한 것이라고 생각 했거든.
비록 실패했다 하더라도 정책의 방향성은
옳았다고 말하고 싶어.

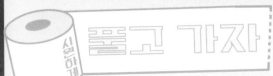

* 갑자기 글밥이 많아졌어.
그래도 거부하지 말고 끝까지 잘 읽어야 해.
중요하니까~

자~ 기사를 보자.

故 김문기씨
성남도시개발공사
개발사업본부장

2021년 12월22일자 한겨레 : 성남시 대장동 개발 특혜의혹과 관련해 검찰 조사를 받아오다 21일 숨진 채 발견된 김문기 성남도시개발공사개발1처장이 사망 당일 대장동 사건과 관련해 공사 인사위원회에 중징계 회부된 사실을 통보 받은 것으로 확인 됐다.
경찰은 징계위 회부가 사망과 연관성이 있는지 등을 조사 중이다.

故 유한기씨
성남도시개발공사
개발사업1처장

2021년 12월 10일자 아주경제(단독) : '나는 돈을 받지 않았다'고 결백을 강조하면서 "검찰과 언론이 나를 죽이려 한다."고 억울해 했다.
또 '검찰이 무슨수를 써서도 자신을 감옥에 집어 넣으려 할 것'이라며 격앙된 감정을 숨기지 못했던 것으로도 전해진다.

이모씨
변호사비
대납의혹

2022년 02월 06일자 굿모닝충청 : 서울 양천경찰서는 6일 최근 국립과학수사연구원으로부터 이씨의 사인이 '대동맥 박리 및 파열'이라는 최종 부검 소견을 받았다고 밝혔다. 국과수가 지난달 13일 밝힌 1차 구두 소견과 같은 결론으로, 지병 외에 범죄 혐의점은 발견 되지 않았다.

A씨
법인카드유용의혹

2022년 07월 28일자 MBC뉴스 : 이재명 더불어민주당 의원의 배우자 김혜경씨의 '법인카드 유용 의혹' 사건으로 경찰조사를 받았던 남성이 숨진 채 발견 됐습니다.
경기남부경찰청 반부패수사대는 이번 달 참고인 신분으로 한 차례 조사를 받은 40대 남성이 그제(26일) 낮 12시쯤 수원 영통구 자택에서 숨진 채 발견됐다고 밝혔습니다.

그런데 말입니다.
돌아가신 저 4분이 이장님과 관련이 있다고 칩시다.
공통점이 그것뿐일까요?

맞습니다!!!
저 분들의 또 다른 공통점은 검, 경찰의 조사를 받고 있었다는 점이지요.
사인을 얘기할 때 강압수사에 대한 의견은 왜 안 나오는 걸까요?
자~ 과연 이장님때문에 저들이 자살했다는 말이 논리에 맞을까요?

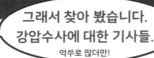

그래서 찾아 봤습니다.
강압수사에 대한 기사들.
억쑤로 많더만!

한명숙사건 한만호씨의 동료재소자H의 증언: 검찰이 요구한 진술을 거부했다.
그런데 검찰이 별건으로 한만호씨와 아들을 엮어서 수사를 하겠다고 협박해서
검찰 요구를 따를 수 밖에 없었다. - 2020.06.01. 한겨레

지난 4월 서울의 한 대학병원 사무국장이 검찰 조사를 받은 직후 숨진 채
발견됐습니다. 당시 유가족은 검찰의 강압수사 의혹을 제기했고 경찰에
검찰 관계자들을 고소하기도 했습니다. 지난 2004년부터 10년간 검찰
수사를 받다가 극단적 선택을 한 사람은 모두 83명 이런 사건이 발생할
때마다 검찰의 무리한 수사에 대한 비판이 일었습니다.
- 2019. 12.03. MBC뉴스

2004
~2014년까지!

또 다른 증인으로 법정에 선 동양대 조교 김모씨는 눈물을 보였다.
앞서 동양대 압수수색 과정을 참관했던 김씨는 지난 3월 한차례
출석한 뒤, 한 유튜버와의 전화 인터뷰에서 "(검사가 참고인 진술
조서의)내용을 불러줄 때 '아 다르고 어 다른 건데 이렇게 쓰면 저
한테 문제 생길 것 같다'고 했더니 검사가 '(학교가) 징계를 줘야겠
네 관리자가 관리도 못하고'라고 해 무서워졌다. 그래서 불러주는
대로 썼다"고 말한 바 있다. 법정 증언에서 이 말을 하지 않은 데
대해서는 " 무서워서 그랬다."고 말했다.
- 2020.07.03. 민중의 소리

검찰이 이명박 전 대통령 수사를 위해 관련자인 이병모 청계재단
사무국장에 대해 함정수사를 했다는 의혹이 제기됐다. 이 국장은
20일 열린 이명박 전 대통령 항소심 속행공판에 증인으로 출석해
"검찰 수사 과정에서 석연치 않은 체포 과정을 경험했다. "며
"한달간 몸무게가 10kg이 빠질 정도의 강압적인 수사를 받았다."
고 밝혔다. 이어 " 조서에 기록된 내용은 자포자기의 심정에서 검
찰이 원하는 대로 한 허위진술"이라고 증언했다.
-2019. 03.22. NewDaily

이보게!
기사를 보니 어떠신가!
과연 고인의 슬픈 죽음에 대해 이장님을
엮는게 정당한가?

200

이런 날도 오겠지?

2022.10.29.J.H

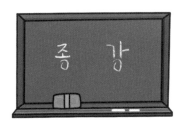

정리하지 못한 업적도 많지만
이 정도면 밍밍이철학을 보여 준 것 같다고 생각해.

성남시장 1기 공약 이행률 96%
성남시장 2기 공약 이행률 94%
경기도지사 공약 이행률 96.1%

뛰어난 행정능력을 잘 보여주는 수치지.

나는
높은 공약 이행률 뿐만 아니라
공약의 내용을 봐줬으면 하는 마음으로 정리했어.

약자를 위한
기득권과의 싸움이라 생각했거든.

싸운다고, 거칠다고 하기 이전에
그 싸움 속에서의 거친 숨결이
지켜낸 것들을 봐줬으면.

모든 정책의 밑바닥에 흐르는 일관된 철학을
봐줬으면 좋겠어.

당신은 남을 위해 치열하게 싸워 본 적 있나요?
남을 위해 울어 본 적 있나요?

지금은 더불어 민주당의 대표가 된 이장님.

소년공에서 대한민국 당대표까지.

출처 - 사진 좌 : 2021.03.01.밍밍이인스타그램   사진 우 : https://m.blog.naver.com/jaemyunglee/222886578255

꿈이 있잖아.

난 하고 싶은 게 많아.

위로가 되는 글도 쓰고 싶고
오래 기억에 남는 그림도 그리고 싶어.
들고양이들에게 둘러싸여
꽃을 오랫동안 관찰하는 거 좋아해.

걷고 또 걷다가 밤이 되면 쏟아지는 별을 보고 싶지.
밀린 영화를 하루종일 보고 싶기도 해.
누구처럼 오마카세를 먹어보고도 싶고 ㅋ
모델처럼 과감하게 입어 보고도 싶어.

간지러운 아이들의 웃음소리!
그 속에서 같이 웃고 싶어.

나만의 즐거움으로 하루를 채우고 싶어.

난 꿈을 꿔.

수백 수천 개의 초록이
바글바글거리는 들판과
투명한 하늘 아래에
불안과 아픔이 없는 세상.

수학여행 가던 아이가,
군대에 간 아들이,
축제에 간 아이가 사라지지 않는 세상.
일하다 죽지 않는 세상.
성적으로 상처받지 않는 세상.
남녀 구분 없이 '나'라는 존재로서 존중받는 세상.

나만의 즐거움에 집중할 수 있는 세상.

그래서
밍밍이를 응원하는 거야.
나를 위해 싸워주니까.

내가 즐겁고 싶어서.
불안하지 않고 마음 아프지 않고
하고 싶은 거 맘껏 하고 싶어서.

2022.10.09.J.H

난 밍밍이를 믿기로 했어.

밍밍이가 전하는 말을 들어봐 줘.

함께 걷는 '동지'들께

제가 끊임없이 드리는 말씀이 있습니다.

저를 지지하되 숭배하지 마시기를.
칭찬하되 찬양하지 마시기를.

필요한 도구로 유용하게 쓰시되
못쓰게 되면 가차없이 대체하시기를.

지지자는 정치인을 돕는 존재가 아니라
함께 걷는 '동지'이지요.

그런 면에서 저는
제 동지들에 대한 신뢰가 있습니다.
같은 길을 걷고 있다는 믿음이 있습니다.

2021.03. 한 언론 인터뷰 중에서

https://m.blog.naver.com/jaemyunglee/222794057484

댓관(댓글관리)을
하지 않아도 되는
촛불을 들지 않아도 되는
주말을 그려봅니다.